Matrikel der Akademie

und

der Universität Bonn

1777 – 1792

herausgegeben von Norbert Flörken

Zur Textgestaltung:

Die Personennamen wurden übernommen, auch in Abweichungen (Pauli/Pauly). Die Ortsnamen, die teilweise lateinisch waren (z. B. Arapolitanus, Juliacensis, Monjavus) oder frühneuzeitlich geschrieben (z. B. Bruel, Achen), wurden in der heutigen Schreibweise (Ahrweiler, Jülich, Monschau, Brühl, Aachen) wiedergegeben. – Die lateinischen Standesangaben (L.B. = Liber Baro, Comes, Eques) wurden übersetzt: Freiherr, Graf oder Ritter. – Die Jahresangaben sind in der Vorlage meistens 2jährig: 85-86; aus Platzgründen wurde immer nur das erste Jahr angegeben. Bei mehreren aufeinanderfolgenden Jahren wurden immer das erste und das letzte Jahr angegeben: aus 85-86, 86-87, 87-88 wurde 85-88. – Ergänzungen des Bearbeiters stehen in [ ], Streichungen in ( ).

Impressum

Bibliographische Information der Deutschen Nationalbibliothek:
Die Deutsche Nationalbibliothek verzeichnet diese Publikation in der Deutschen Nationalbibliographie, detaillierte bibliographische Daten sind im Internet über http://dnb.dnb.de abrufbar.
© Norbert Flörken
Herstellung und Verlag:
BoD – Books on Demand, Norderstedt
ISBN 9783752628968

Inhalt

Einleitung

Der Band[1] »Matrikel der Kurfürstl[lichen] Maxischen Akademie in Bonn welche S[eine] Kurf[ürstliche] Gnaden zu Köln Maximilian Friedrich durch eine feyerliche Urkunde vom 30ten May 1777 mildest gestiftet haben«[2] besteht aus mehreren Abschnitten, wie man an Hand der Paginierung erkennen kann:

Der erste Block umfasst die Blätter 1 bis 46:

      Titel, Personal der Verwaltung (1777-1790) 1-24,

      Doctores (1786-1788) 25-26,

      Licentiati (1786-1791) 31,

      „untere Klassen" (1777-1788) 35-46;

der zweite Block (89-95) die Philosophen (1777-1786);

der dritte Block (139-141) die Mediziner (1779-1788);

der vierte Block (164-168) die Theologen (1777-1791);

der fünfte Block (204-225) die Juristen (1777-1791); und

der sechste Block (226-252) die „Kandidaten" [=Studenten] (1786-1792).

Da der Band laut Auskunft der ULB Bonn ein einheitlicher Korpus ist, hat man 1777 (oder bald danach) offensichtlich ab Blatt 35 jeweils 40 bis 50 Blätter freigelassen und dann im Laufe der Jahre aufgefüllt. 1786 sind dann die neu anstehenden Personen in den nächsten Block ab 226 eingetragen worden. Nach dem zweiten bis fünften Block folgt nämlich jeweils der Zusatz: „Die ferneren sehe pag[ina] 226 nach errichteter Universität mit anderen zusammengesetzt." Damit ist gemeint, dass 1786 die „Akademie" mit päpstlichem und kaiserlichem Segen umgewandelt wurde in eine „Universität". Die Listen der Akademie, die in der Bonngasse stand, sind aber offensichtlich noch über 1786 hinaus weiter geführt worden. Da die Universität bis 1798 – zumindest auf dem Papier – bestanden hat, fehlen die letzten Jahrgänge; ihr Verbleib ist unbekannt[3].

Der Anteil der Bonner Schüler/Studenten in den Fakultäten ist unterschiedlich hoch: am Gymnasium sind 62 % der Schüler aus der Stadt Bonn (ohne heutige Stadtteile oder Vororte), gefolgt von den Medizinern (43 %) und Philosophen (36 %); ihr Anteil an den Juristen oder Theologen liegt bei 22 bzw.18 %. Unter den Studenten ab 1786 sind 21 % aus Bonn. Das Einzugsgebiet der Einrichtung reicht in der Hauptsache von Trier über die Voreifel und den Niederrhein bis ins Sauerland und nach Westfalen.

Einige der Schüler oder Dozenten haben später Berühmtheit erlangt, allen voran Ludwig van Beethoven, der sich mit 18 Jahren am 14.05.1789 in die Philosophie eintrug, zusammen mit seinen Freunden Anton Reicha und Carl Ferdinand Kügelgen. Es darf vermutet werden, dass die drei – und noch viele andere – wegen des jungen Professors Eulogius Schneider, der die „schönen Wissenschaften" lehrte, den Weg in den Hörsaal fanden.

Schneider, ehemals Ordensmann, hat seit April 1789 Vorlesungen gehalten; in den Jahren zuvor war er in Bamberg, Augsburg und Stuttgart mit den kirchlichen und weltlichen

---

[1] Fundstelle: ULB Bonn; urn:nbn:de:hbz:5:1-1966686.
[2] Zu Akademie und Universität allgemein siehe (Braubach 1966).
[3] Siehe (Braubach 1966, 328).

Autoritäten aneinandergeraten wegen seiner lockeren und freidenkerischen Ansichten in theologischen Fragen. Auch dürften seine freizügigen Gedichte, die aber erst 1790 in Druck gingen, schon damals die Runde gemacht haben.

In der französischen Zeit (1794-1814) und auch noch danach bekleideten einige Männer aus den vorliegenden Listen verschiedene Ämter: immer wieder fallen z. B. die Namen Mastiaux, Robson[4], Eiländer, Schötter, Wegeler, Wurzer, Kügelgen, um nur einige zu nennen.[5] Zu den Bonner „Illuminati", die 1785 verboten wurden, gehörten seinerzeit u. a. die Professoren G. W. Daniels, F. W. Kauhlen[6] („Tassilo") und J. F. Velten („Jacob Bernoulli")[7]; sie und andere Illuminati gründeten 1787 die Bonner „Lesegesellschaft"[7]; Daniels wurde später 1805 Generalprokurator am Kassationshof in Paris und 1819 erster Präsident des Rheinischen Appellationsgerichtshofs in Köln[8].

Von den wenigen jüdischen[9] Familien Bonns ist nur die Familie Anschel mit drei Söhnen vertreten: Joseph, Salomon[10] und Voß, die in den späten 80er Jahren das Gymnasium besuchen; bei Salomon, dem Studenten der Philosophie, ist 1786 ausdrücklich vermerkt: „Judaeus". Ein Joseph Godschalk de Gelderen, ein Jude aus Düsseldorf, studiert 1786 Medizin[11] und ist als „praenobilis" vermerkt. Die geringe Zahl jüdischer Schüler/Studenten mag auch zurückzuführen sein auf die damals unter Juden weit verbreitete Weigerung[12], sich in die katholischen resp. christliche Mehrheitsgesellschaft zu integrieren.

Die soziale Zusammensetzung ergibt sich aus der Standeskategorie: zahlenmässig weitaus am stärksten vertreten sind die „ornati", d.h. die bürgerlichen Studenten:

in der Medizin	74 %,
Philosophie	66 %,
Jura	49 %,
Theologie	36 %
und später unter den „Candidati"	58 %.

Die „praenobiles", die Adligen, haben Anteile in

Jura	10 %,
Philosophie	5 %,
Medizin	4 %,
Theologie	2 %,
„Candidati"	8 %.

---

[4] Siehe Seite 96.

[5] Siehe allgemein (Flörken, Die französischen Jahre in Bonn 1794-1814. Ein Lesebuch, 2. Auflage 2017). Die Söhne der Familie Lenne sind wohl nicht verwandt mit dem Gartenbaumeister Peter Josef Lenné d.Ä. (1756-1821).

[6] Siehe (Kauhlen 1774).

[7] Siehe (Wolfshohl 2018).

[8] Siehe Anmerkung 95.

[9] Für 1773 werden im Ghetto 19 Häuser, für 1783 40 jüdische Familien genannt, für 1810 416 Personen; bekannte jüdische Familien waren damals u.a. Auerbach, Cahn, Cohen, Eskeles, Hess, Oppenheim und Dr. med. Wolff, siehe u.a. (Rauhut-Brungs/Wasser/Hodde 2001).

[10] geb.16.06.1771 in Bonn, promoviert 1792 in Göttingen, später Professor für Chemie und Experimentalphysik an der Uni Mainz, 1807 (?) getauft auf die Namen François Frédéric (Fremery-Dohna/Schoene 1985, 1 f); siehe (Anschel 1801).

[11] Promoviert 1792 an der Uni Duisburg: (Kober 1931, 125).

[12] z. B. der Bonner Altphilologe Jacob Bernays (1824-1881): Er hielt bis zu seinem Tode an dem jüdischen Glauben und dessen Gesetzen fest und überwarf sich mit seinem Bruder, der zum Christentum konvertierte.

Andere Gruppen wie „perillustres", „reverendi" oder „generosi" sind nur mit wenigen Personen vertreten. Unter den Theologen sind die „religiosi" = Ordensleute mit 17 % naturgemäß stark vertreten.

Von den Studenten wurden bis 1783 Gebühren erhoben bzw. erlassen:

	phil	med	theol	jur
gratis	16	10	7	16
10 Stüber[13]	0	0	4	5
20 Stüber	64	1	0	1
30 Stüber	1	7	8	41
40 Stüber	9	0	0	0
60 Stüber	0	0	0	17
Summe:	90	18	19	80

Da die Eintragungen aber lückenhaft sind, lassen sich kaum zuverlässige Aussagen über eine mögliche Steuerungsfunktion der Gebühren machen; auffallend ist an der Gebühr von 60 Stübern, dass die „praenobiles" unter den Juristen damit belastet wurden.

Damit reicht die Bonner Akademie/Universität noch in der feudalen Epoche weit ins bürgerliche Lager hinein und bildet – in Verbindung mit den Schulordnungen[14] – einen Kristallisationspunkt der Aufklärung in Westdeutschland.

Dass dies nicht zufällig oder unabsichtlich geschah, zeigt deutlich beispielsweise der Erlass des Kurfürsten von 1789[15], in dem er kölnischen Absolventen die Anstellung in Kurköln versagt.

Einer Erklärung bedarf in den letzten Jahren – ab 1785 – die hohe Zahl der Schüler, die die „infima classis" und die 1. Klasse wiederholt und dann die Schule verlassen haben, erkennbar an den Einträgen z.B. infima 87-88, 1. Classis 88-89, 89-90, 2. Classis 90-91. Eine Nicht-Versetzung ist in der Schulordnung von 1776[16] durchaus vorgesehen, allerdings nur einmal; beim zweiten Mal erfolgt die „Abweisung" von der Schule.

Als die französischen Armeen im Oktober 1794 den Rhein erreichten und das linke Rheinufer besetzten, war dieses Ereignis nicht automatisch das Ende der Universität. Erst der Wegzug der adligen Eliten, der allgemeine Bevölkerungsrückgang (von fast 11.000 auf 9.500), die schweren Zeiten der Kriege und französisches Desinteresse liessen die Universität verkümmern, bis sie ihren Betrieb dann 1798 endgültig einstellte[17], bzw. von der französischen „Centralschule" in etwa abgelöst wurde.

Bonn, im Oktober 2020   Norbert Flörken

---

[13] Zum Vergleich: 1 Morgen Weinberg kostete 1790 9 Stüber, 1 Pfund Salz 1800 6 Stüber, 1 Schwarzbrod von 7 Pfund kostete 1797 8 Stüber.
[14] Siehe Seite 59 ff und Seite 92 ff.
[15] Siehe Seite 97 f.
[16] Siehe Seite 77.
[17] Siehe (Klebe 1801), hier Seite 98 ff.

Abbildung 1: Gymnasium in der Bonngasse, vor 1891

Fundstelle: Stadtarchiv Bonn, Signatur DA01-00338-01, mit freundl. Genehmigung

[Widmung]

Dem Herrn Professor, Bibliothekar Schramm überreiche ich aus Auftrag der verwitweten Frau Professorin Moll[18] hieselbst, die Matrikel der ältern Universität Bonn, mit der Bitte, dieselbe als Erinnerung in der Bibliothek der Universität aufbewahren zu wollen.
Bonn den 15ten December 1834.

Dr. Fr. Bird[19].

---

[18] „Moll ist Rektor der kurfürstlichen Universität gewesen, als die durch Machtspruch des französischen Regierungs-kommissars im Frühjahr 1798 aufgehoben wurde. Er hat also wohl den Band an sich genommen, der nach seinem Tode am 2. August 1826 in den Besitz seiner Frau gelangte." (Braubach 1966, 327). Siehe auch Seiten 14 und 95.
[19] Friedrich Ludwig Heinrich Bird (*1791 in Wesel; † 1851 in Bonn) war ein deutscher Mediziner, praktischer Arzt ab 11. März 1820. Von 1830 bis 1834 war er Arzt in der Ersten Rheinischen Irrenheilanstalt in Siegburg; im Juni 1834 ging er in Pension und zog nach Bonn.

Matrikel

der Kurfürstl. Maxischen Akademie in Bonn welche S. Kurf. Gnaden zu Köln **Maximilian Friderich** durch eine feyerliche Urkunde vom 30ten May 1777 mildest gestiftet haben – wie folgt.

Akademie-Rath

Präsident

Herr Carl Leopold Reichsfreyherr von **Belderbusch** S[eine]r Kurfürstl[ichen] Gnaden zu Köln wirklicher Adlicher Geheimer Rath und Kämmerer, des Kurfürstl. Hofraths Vice-Praesident, auch Amtmann zu Zülpich und Hardt, Statthalter des Falkenberger Landes, Herr p[erge] p[erge] dimittirte im Jahre 1784[20]

Universitäts-Kurator

Se. Exzellenz der hochw[ürdige] Hochwohlgebohrne Herr Franz Wilhelm **Spiegel**[21] zum Diesenberg und Canstein, Domkapitular zu Hildesheim und Münster, Sr. Kurf. Dchlt. zu Köln Extra-Conferenzial-Regierungs-Rath, Hofkammer-Präsident, und ober-Baukommissar

<2>

Director

Kurkölnischer Geheimrath C. v. **Gruben** a. 1777
Rath
Kurkölnischer Hofkammerrath **Mastiaux** a. 1777

Universitäts-Rektor

1786 und 1787 Herr Bonifacius **Oberthür** der Theologie Dr. Sr. Durchlaucht geistlicher Rath, Professor der Theologie und Direktor der Stadt- u. Landschulen
1787-88 H. Philip **Hedderich** Prof[essor] Jur[is] Canon[ici]
1788-89 Idem
1789-90 Fran. Wilhelm **Kauhlen** Prof. Medic[inae]
<3>

Assessoren

bey der

Akademie

Präfeckt Corn. **Metternich** abiit qua Canonicus in 8bri 1777
Professor dogm. Const. **Obenberger**, Min. Conv.[22] 77-79 abiit
Professor der Pandekten Hubert **Brewer**, qua fiscus acad.
Prof. Phys. Beda **Limbach**, Min. Conv. abiit in 8bri 1777
Prof. der Geschichte Vicar. **Hauser**
Präfeckt Christoph **Baumgarten** abiit 1781
Prof. der Physik Marcel **Hoetmar**, Min. Conv., à 9bri 1777 abiit in 8bri 1779
Prof. der Canon. Rechte Phil. **Hedderich** à 9bri 1779
Praefect **Steinhaus** à Januario 1781 abiit in 8bri 1784
Dir. Gym. **Oberthür** à 9bri 1784

Oekonomie

Kurf. Landrentmeister, Geheimrath **Braumann** à 1777
Pastor zu S. Remig. P. J. **Asbach** à 1777

---

[20] Verstorben am 02.01.1784.
[21] Siehe (Flörken, Die französischen Jahre in Bonn 1794-1814. Ein Lesebuch, 2. Auflage 2017).
[22] = Ordo fratrum minorum conventualium, Ordenskürzel OFMConv oder OminConv, allgemein Minoriten oder (früher) Minderbrüder.

Prof. Hubert **Brewer** qua advoc. Seminarii à 1777
Oekonom **Schlimgen** à 1777

Dekanen der Philosophie

1786 und 87 R. P. Elias **van der Schüren** O. M., der Philosophie Dr. u. Prof. der Logick u. Metaphysick
1787-88 P. Romuald **Jochmaring**, Prof. phys.
1788-89 P. Acharius **Apel**, Prof. Mathes.
1789-90 D. Ferd. Aug. **Scheidler**, Prof. Scient. Cameral.
< >

Dekanen der Medizin

1786 und 87 H. Franz Wilh. **Kauhlen** der Medizin Dr. und Professor, kurf. Hofrath u. Garnisons-Medikus
1787-88 D. Pet. Wilh. Jos. **de Ginetti**, Prof. physiolog. & Botan.
1788-89 D. J. Claud. Rougemont[23], Prof. Anatom. & Chirurg.
1789-90 D. P. Wilh. Jos. **de Ginetti** qui supra
<4>

Dekanen der Rechte

1786 und 87 H. Hubert **Brewer**, der Rechte Dr., u. Professor und Universitäts Fiskus
1787-88 D. Vital. **Lomberg**, Prof. Juris publ.
1788-89 D. Godefr. **Moll**, Prof. Jur. feud. et crimin.
1789-90 D. Phil. **Hedderich**, Prof. Juris Canon.
< >

Dekanen der Theologie

1786 und 87 H. P. Philip **Hedderich**, der Theologie und Rechte Dr., kurf. geistl. Rath, Bücher-Zensor und Prof. des geistl. Rechts
1787-88 P. Sebast. **Scheben**, Prof. theol. pastor.
1788-89 P. **Thaddaeus** a S. Adamo, Prof. Scripturae
1789-90 P. Justin. **Schallmayer**, Prof. Moralis
<5>

Sekretär

Kurf. Geheim-Kanzley-Verw. R. J. **Esser**
Sindikus
1786 H. Rein. Jos. **Esser** kurf. Hofkammerrath und Hofbibliothekar

Oekonom

Geistlicher **Schlimgen** abiit 1785 in 9bri
Receptor
1786 H. R. J. **Esser**, via hieneben

Copiist

1786 H. Pet. **Trommenschlaeger**, Univers. Schreibmeister

---

[23] Siehe (Flörken, Joseph Claude Rougemont. Schriften, Reden, Dokumente 1786-1798 2020).

Pedellen

> Bernhard **Schmidt** à 1777
> <6>

Professoren der Theologie

der Dogmatick
> P. Const. **Obenberger**, ord. Min. Conv. ab ao. 1774 abiit 1779
> P. Marcellin **Hoetmar**, M. C. à 9bri 1779 abiit 1787
> P. Anselm **Becker**

der Moral
> P. Sigism. **Sinnigen** O. M. Conv. ab ao.1774 abiit 1782
> P. Justinian **Schallmayer** M.C. ab ao. 1782

Kirchen und Theol. Geschichte
> Andr. **Spitz** ex Abb. Tuitensi [=Deutz] ab ao. 1783

H. Schrift u. Orient. Sprachen
> P. **Anastas.** a S. Rosa, Ord. Carm. Disc.[24] à 1783 abiit 1788
> P. **Thaddaeus** a S. Adamo, Ord. Carm. Disc. à 1783

Polemick
> P. Anselm **Becker** ex Abb. S. Pantal. [Köln] 1783

Pastoral-Theologie
> P. Sebast. **Scheben** ex Abb. S. Martini 1783

Pädagogick
> D. Bonifac. **Oberthür** ab ao. 1786-87
> <7>

Professoren der Rechten

der Geistlichen Rechte
> P. Phil. **Hedderich** O. M. Conv. ab ao. 1774

der Kirchen-Geschichte
> P. Phil. **Hedderich** O. M. Conv. ab ao. 1774
> P. And. **Spitz** ex abbat. Tuitensi ab ao. 1783
> < >

Geschichte der Deutschen
> P. Franc. **Cramer** ex Abb. Brauweil. 1783

Diplomatick
> P. Franc. **Cramer** ex Abb. Brauweil. 1783
> <8>

des Staats und Völker Rechts
> Canon. Ad SS. Cassium, Jos. **Lomberg** ab ao. 1774 abiit 1789
> D. **Werner**, Consil. Aul.

der Reichs Geschichte
> Canon. Jos. **Lomberg** ab ao. 1774
> P. Franc. **Cramer** ex Abb. Brauw. à 9bri 1783
> < >

des besonderen Deutschen Staats-Rechts
> Godr. **Daniels** 1783

---

[24] = Ordo Fratrum Carmelitarum Discalceatorum = der unbeschuhten Karmeliter.

13

des besonderen Kölnischen Staats-Rechts
    Phil. **Hedderich** M. C. 1783
    <9>

der Pandeckten
    Hubert **Brewer** ab ao. 1774
    Godefr. **Daniels** à 1783

der Institutionen
    Hubert **Brewer** a 1774 bis 1777 a 1783 bis
    Pet. **Dünnwald** a 1777 abiit 1783
    <10>

des Lehen-Rechts
    Godfrid Moll ab ao. 1775

des Peinlichen Rechts
    Godfr. Moll ab ao.1775
    <11>

der Juridisch-Practischen Lehre
    Hub. **Brewer** ab ao. 1776
    H. … Jac. **Müller** a 5 9bris 1778 abiit 1780
    Godfr. Daniels 1783

des Natur-Rechts
    van der Schüren M. C.
    Hub. **Brewer** 1783
    <12>

Professoren [der Medizin und Chirurgie]

der Medizin
    Kurf. Hofrath **Kaulen** a 1775
    … **von Gynetti** 1783
    Dr. **Crevelt** 1784 in 85 abiit 1785

der Chirurgie
    Hofrath **Kaulen** ab ao., 1775 -83
    Claude **Rougemont** 1783
    H. Martin **van Ney** der Hebammenkunst 1786 abiit 1789
    D. Franc. Wegeler[25]
    <13>

Professoren [der Physik, Logik, Mathematik]

der Physick
    P. Beda **Limbach** O.M.C. a 1774 abiit in 8bri 1777
    P. Marcel. **Hoetmar** O.MN.C. a 1777 abiit 1779
    P. Romuald **Jochmaring** M. C. a 9bri 1779

der Logick
    P. Marc. **Hoetmar** O.M.C. a 1774 ad 77
    P. **van der Schüren** a 1777

der Mathematick
    Kurf. Lieutenant **Sandfort** a 177[7]
    P. Achar. **Apel** Franc. 1786
    < >

---

[25] Siehe (Flörken, Franz Gerhard Wegeler. Ein Freund Beethovens. Reden und Schriften 1786-1845 2019).

Professoren [der Kameralwissenschaften, Psychologie, Bergbaukunde & schönen Wissenschaften]

der Kameral-Wissenschaften
    1787 H. **Scheidler**

der Psychologie
    1786 bis 87 R. P. Acharius **Apel** Franciscan.

[der] Bergbaukunde
    Ant. Wilh. **Arndts**

der Schönen Wissenschaften
    D. Eulog. Schneider[26]
    <15>

Professoren der Untern-Klassen

Präfeckt
    Corn. **Metternich** a 1774 ad 77, abiit qua Canon. ad SS. Cassium Bonnae
    Christoph **Baumgarten** a 1777, abiit qua pastor in Rüngsdorf ao.1780
    Hofkaplan **Steinhauß** a 1781
    Bonif. **Oberthür** Dir. Gym. a 1784

der Geschicht u. Weltbeschreibung
    Vicarius P. J. **Hauser** a 1774
    <16>

der Rede- und Dichtkunst
    Aloys **Klinkenberg** a 1774 obiit 1781
    Quir. **Zeyen** 1781 abiit 1787
    Jos. **Schmitz**
    Eulog. **Schneider**

der Deutschen Sprache
    Jacob **Hamm** a 1774
    Vitus **Jaeger** 1783
    <17>

der Lateinischen Sprache
    Frid. **Velten** a 1777 abiit 1781 obi[it]

der Französischen Sprache
    Geistl. Quir. **Zeyen** a 1777
    Fran. de **Tribolet** a 1782
    <18>

der Naturkunde
    P. Romuald **Jochmaring** O. M. Conv. a 1777

der Elementar-Mathematick
    P. Romuald **Jochmaring** O. M. Conv. a 1777
    Ferd. **Hanff**

Schreibmeister
    Pet. **Trommenschlaeger** a 1783
    <21>

---

[26] Siehe (Flörken, Eulogius Schneider. Predigten, Schriften, Dokumente. 1783-1794 2020).

Präceptoren der Klassen

der 4ten Klasse
Ach. **Hirschmann** a 1777 abiit 20 Martii 1779
Jac. **Giesen** a 23 Martii 1779
Vic. **Hohenschurz** abiit 1785

der 3ten Klasse
N. **Gareis** a 1777 abiit 1 9bris 1778
Joh. **Werner** a 5 9bris 1778 abiit 1 8bris 1779
Vicar. **Hohenschurz** a 25 9bris 1779
Pauli abiit 1785
<22>

der 2ten Klasse
N. **Kircher** a 1777 abiit 1778
Fay a 5. 9bris 1778 abiit 1779
Pauli a 25 9bris 1779
Schaerre

der 1ten Klasse
Joh. Nic. Jos. **Lejeune** a 1777 abiit 1778
Hohenschurz a 5 9bris 1778 abiit 1779
Dahmen a 25 9bris 1779
C. O. **Küpper** de 82 in 83
Stemmer de 1783

in Infima
J. J. **Schmitz** a 1777 abiit 1780
Werner a 1777 abiit 1778
Schaerre a 1780
Stemmer de 82 in 83
J. N. **Graff** de 1783 abiit 1786
<24>

Präceptoren der Trivial-Schulen

der Lateinischen
Vitus **Jaeger** abiit 1779
Geistl. **Lejeune**
Münsterpfuhl
Matth. **Probst**
Joh. **Krengel**
Henr. **Werner** a 1779 abiit 1780
Jo. Jos. **Schmitz** a 1780

der Deutschen
Geistl. **Breeder**
Aloys. **Pitscheid**
Nicol. **Ropert**
Joh. **Hennes**
Münsterpfuhl
Mandt
Henr. **Gareis** Normallehrer

Doctores promoti

ab 1786
fol. 25 f

#	Nr.	Titel	Vorname	Name	Heimath	declarirt	Theologie	Rechte	Medizin	Philosophie	fol.
1	20	Prof.	Acharius	Apel	Franciscan.	declarirt				22.09.1787	25v
2	36	P.	Reiner	Asmus	Min. Conv.		18.09.1788				25v
3	3	Prof.	Anselm	Becker	Abt, S. Pantaleon	declarirt	20.11.1786				25
4	7	Prof.	Hubert	Brewer	Bonn	declarirt		20.11.1786			25
5	12	Prof.	Franc.	Cramer	Abt in Brauweiler	declarirt		20.11.1786			25
6	8	Prof.	Wilh. Godefr.	Daniels	Bonn	declarirt		20.11.1786			25
7	14	Prof.		de Ginetti	Bonn	receptus			20.11.1786		25
8	16	Prof.	Martin	de Ney	Bonn	declarirt			20.11.1786		25
9	23		L.J.D.L.	de Vaudon					05.09.1787		25v
10	40		Barth.	Ehlen	Rachtig				30.07.1789		25v
11	24		Pet. Jos.	Ferber	Erpel				05.09.1787		25v
12	34	Prof.	Jac.	Feuser	Bonn					22.09.1787	25v
13	37		Joan. Ant.	Flörken[27]	Bonn				22.09.1787		25v
14	27		Caspar	Froitzheim	Margaretenherten			15.05.1788			25v
15	43		Franc. Anton	Greve	Arnsberg				24.08.1790		26
16	35	Prof.	Henr.	Hanf	Bonn					22.09.1787	25v
17	30	Prof.	Pet. Jos.	Hauser	Bonn					22.09.1787	25v
18	11	Prof.	Phil.	Hedderich	Min. Conv.	declarirt		20.11.1786			25
19	41		Ferdin.	Hillenkamp	Gesecke				24.08.1790		26
20	2	Prof.	Marcellin	Hoitmar	Min. Conv.	declarirt	20.11.1786				25
21	33	Prof.	Joan. Pet.	Honnerbach	Bonn					22.09.1787	25v
22	42		Franc. Adolph	Jacobi	Wahrendorf				24.08.1790		26
23	32	Prof.	Vitus	Jaeger	Bonn					22.09.1787	25v
24	18	Prof.	Romuald	Jochmaring	Min. Conv.	declarirt				20.11.1786	25
25	13	Prof.	Wilh.	Kauhlen	Bonn	receptus			20.11.1786		25
26	10	Prof.	Vital. Jos.	Lomberg	Bonn	declarirt		20.11.1786			25
27	9	Prof.	Godfrid	Moll	Bonn	declarirt		20.11.1786			25
28	21		Pet. Jos.	Röbson	Bonn			22.11.1786			25v
29	15	Prof.	Jos. Claud.	Rougemont	Bonn	declarirt			20.11.1786		25
30	19	Prof.		Sandfort	Bonn	declarirt				20.11.1786	25
31	5	Prof.	Justin	Schallmayer	Min. Conv.	declarirt	20.11.1786				25
32	6	Prof.	Sebast.	Scheben	Abt, S. Martin	declarirt	20.11.1786				25
33	28	Prof.	Ferd. Aug.	Scheidler	Bonn					22.09.1787	25v
34	31	Prof.	Jos.	Schmitz	Bonn					22.09.1787	25v
35	22		Joan. Bapt.	Schötter	Bodendorf			22.11.1786			25v
36	25	P.	Sigism.	Sinnigen	Min. Conv.		17.09.1787				25v
37	1	Prof.	Andreas	Spitz	Abt, Deutz	declarirt	20.11.1786				25
38	4	Prof.	a S. Adamo	Thaddaeus	Discalceat.	declarirt	20.11.1786				25
39	17	Prof.	Elias	van der Schüren	Min. Conv.	declarirt				20.11.1786	25
40	44		Franc. Conrad R.	Varnhagen	Brilon				11.07.1791		26
41	26	P.	Columban	Westhover	Köln, Ord. S. August.			25.04.1788			25v
42	38		Fra. Mich.	Wollersheim	Jülich				22.09.1787		25v
43	39		Ferd.	Wurzer[28]	Bonn				22.09.1787		25v
44	29	Prof.	Quirin	Zeyen	Bonn					22.09.1787	25v
						Summe:	8	10	14	12	

---

[27] Diss. Sept.1788: „De inflammatione consentiente medicorum ordine pro gradu doctoris medicinae ..." Bonn (Abshoven) 47 S. in 8 (verschollen): (Braubach 1966, 296).

[28] Siehe (Flörken, Ferdinand Wurzer. Bonner Chemie-Pionier. Schriften 1788-1844 2020).

Licentiati promoti

ab 1786
fol. 31

#	Nr.	Vorname	Name	Heimath	declarirt	Theologie	Rechte	Medizin	Philosophie	fol.
1	3	Car. Th.D.Frhr.	de Geyr	Aachen					02.04.1789	31
2	4	Joes Frhr.	de Leykam	Wien			17.06.1789			31
3	6	Georg Lud.	de Trousset	Lüttich			22.08.1791			31
4	2	Pet. Jos.	Kley	Brühl			22.11.1786			31
5	5	Corn. Martin	Lux	Utrecht			26.07.1791			31
6	1	Quirin	Mertens	Argendorf			22.11.1786			31
					Summe:	0	5	0	1	

Die unteren Klassen [des Gymnasiums]

ab 1777
fol. 39 ff

»Die Gymnasialklassen (die Schülerzahl sank von 135 im Schuljahr 1774/75 auf ca. 90 in der ersten Hälfte der 80er Jahre) waren nunmehr Unterklassen der Akademie. Für sie galt seit 1777 eine neuer Plan für den Unterricht: Die alte classis infima blieb zwar bestehen, war aber keine eigentliche Gymnasialklasse mehr. Die neuen Klassen hießen nun erste, zweite, dritte und vierte Unterklasse. Der grammatische Lehrgang in Latein verteilte sich auf die vier Klassen. Während der Unterricht in der deutschen Grammatik in der dritten Unterklasse abschließen sollte, hatte die vierte Klasse die Aufgabe, in die ›Belleterey‹, in die Rede- und Dichtkunst einzuführen. Vorwiegend in dieser Klasse sollten - neben den lateinischen - auch deutsche Aufsätze geschrieben werden.

In der dritten Klasse begann der Französischunterricht, in der vierten kam mit drei Wochenstunden Griechisch hinzu. Die Universalgeschichte von Abraham bis Joseph II. sollte in Verbindung mit der Erdkunde gelehrt werden. In Mathematik, Biologie und Physik wurden nur elementare Kenntnisse vermittelt. Einstündigen Religionsunterricht gab es sonntags und donnerstags. Dieser Plan bildete die Grundlage für den Gymnasialunterricht bis in die preußische Zeit hinein.

Der Unterricht fand morgens im Sommer von 7 bis 9 Uhr, im Winter von 8 bis 10 Uhr statt, nachmittags von 1 bis 3 Uhr, im Winter von 2 bis 4 Uhr. Schulgeld musste auch jetzt nicht gezahlt werden, da das Vermögen des ehemaligen Bonner Jesuitenkollegs für die Unterhaltung der Schule eingesetzt wurde. Die Eltern zahlten nur für die Beaufsichtigung in den Silentien und für die Lieferung von Wachslichtern (Kosten für Brand und Licht waren drittgrößter Ausgabenposten).

Die Aufsicht über den Unterricht und die Lehrer übte bis ins ›Kleinliche‹ der Akademierat aus. Die Lehrer wohnten in den Räumen des Collegiums, wo sie auch verpflegt wurden. Es gab eine strenge Hausordnung für alle und genaue Anweisungen und Verbote beim Verlassen des Collegiums, um in die Stadt zu gehen.«[29]

#	Vorname	Namen	Heimath	infima	1.Klasse	2.Klasse	3.Klasse	4.Klasse	fol.
1	Laur.	Abels	Merschen			89	90		45v
2	Adam	Aldenhoven	Ahrweiler		77		79	80	35v
3	Joan Georg	Aldenhoven	Ahrweiler				77		36v
4	Andr.	Aleff	Bonn	86	87	89	90		43
5	Georg	Alfter	Bonn	84	85	86	87		41v
6	Bertram	Altstaedten	Bonn	90					46v
7	Joan Adam	Altstaedten	Bonn	90					46v
8	Jos.	Angelbis	Bonn	81	82	83	84	85	39v
9	Adam	Ankenbrand	Bonn			77	78	79	36
10	Ambros.	Ankenbrand	Bonn				77	78	36v
11	Jos.	Anschel	Bonn		87	89			44
12	Salomon	Anschel	Bonn				85		42v
13	Voß	Anschel	Bonn	87	88	89			44v
14	Henr.	Anthe	Hallenberg	81	82	83	84	85	39v
15	Herib.	Arck	Bonn					77	37
16	Joann	Arck	Bonn	89	90				45v
17	Joseph	Ark	Bonn	84	85	86	87		41v

[29] Ausschnitt aus: http://koetting-bg.de/3-das-bonner-gymnasium-als-unterstufe-der-maxschen-akademie/ am 08.10.2020, mit freundl. Genehmigung.

#	Vorname	Namen	Heimath	infima	1.Klasse	2.Klasse	3.Klasse	4.Klasse	fol.
18	Anton	Auberger	Bonn	81	82				39v
19	Joan.Pet.	Auding	Bonn	81	82	83			39v
20	Joann	Averdonk	Bonn	80	81				39
21	Phil.Nerius	Averdonk	Bonn	82	83	84			40
22	Sever.Ant.	Averdonk	Bonn	79	80	81	82	83	38
23	Bened.Ign.	Bachem	Bonn	77	78	79	80		35
24	Barthol.	Baum	Bonn	77	78	79	80	81	35
25	Cunib.	Baum	Bonn	84	85	86			41v
26	Barthol.	Baur	Bonn	79	80				38
27	Jacob	Becker	Bonn		77		79	80	35v
28	Joan Pet.	Becker	Bonn				77	78	36v
29	Joseph	Becker	Bonn	89					45v
30	Joan Adam	Bendermacher	Alfter	81	82	83	84	85	39v
31	Marc.Joh.	Berntgen	Breitbach	77	78				35
32	Aloys	Best	Ersdorf	86	87				43
33	Joh.	Best	Gelsdorf				77	78	36v
34	Petr.	Bigeleben	Arnsberg	86	87	89	90		43
35	Joan Ant.	Bionda	Bonn	90					46v
36	Joan	Bitter	Bonn	78	79	80	81	82	37v
37	Bern.	Bock	Drolshagen				86		44
38	Ferd.	Bodifé	Bonn					80	39v
39	Godefr.	Bodifé	Bonn	84	85	86	87	88	41v
40	Ferdin.	Braun	Endenich	90					46v
41	Pet.	Breuer	Bonn s.o.						44v
42	Pet.Jos.	Breuer	Bonn					77	37
43	Pet.	Brewer	Bonn	87					43
44	Wilh.Joh.	Brewer	Bonn	78	79	80	81	82	38
45	And.Eman.	Brilli	Bonn	80	81				39
46	Ignat.	Brink	Bonn	83	84				41
47	Matth.	Bruckmann	Merschen b.Jülich	82					40
48	Phil.	Brukner	Bonn	83					41
49	Franz	Brüningh	Urdingen		79				38
50	Theod.	Buchmüller	Bonn			86	87	88	44
51	Jacob	Bühren	Bonn	77	78				35
52	Clemens	Calenberg	Vettelhoven			77	78	79	36
53	Pet.	Caramé	Unkel	86	87	89	90		43
54	Caspar	Christ	Bonn	81	82	83	84	85	39v
55	Henr.	Christ	Alken	86	87	89	90		43
56	Henr.	Christman	Rheinbach	82	83	84			40
57	Godfr.	Clewer	Bonn	89					45v
58	Henr.Jos.	Clostermann	Warth					77	37v
59	Andr.	Clouth	Breidbach		77		79	80	35v
60	Jod.Wilh.	Clouth	Breitbach	77	78	79	80	81	35
61	Casp.	Contzen	Vilich	89	90				45v
62	Fran.	Corty	Beuel	85	86	87	88	89	42v
63	Joseph	Corty	Schwarz-Rheindorf			77	78	79	36
64	Gaudent.	Courtin	Bonn		77		79	80	35v
65	Henr.	Cremer	Winterscheid		88				45
66	Nicol.	Cremer	Bonn		77				35v
67	Pet.	Cremer	Wormersdorf			85	86	87	41
68	Pet.Ferer.	Cremer	Poppelsdorf	82	83	84	85	86	40v
69	Joh.Pet.	Custodis	Gelsdorf				77		36v
70	Herm.	Dahmen	Bonn	79	80	81	82	83	38
71	Frhr.	d'Aix	(Ephoebus)		86	87	88	89	44
72	Otto Frhr.	d'Aix	Bonn	89					45v
73	Dominic	d'Anthoin	Bonn	90					46v
74	Jos.	Däntzer	Bonn			77	78	79	36
75	Jacob	Dardenne	Bonn			77	78	79	36
76	Ferd.Frhr.	de Bourscheid	Burgbrohl				80		39v
77	Arnold	de Braumann	Bonn			85	86	87	42v
78	Christoph	de Breuning	Bonn	82	83	84	85	86	40
79	Laur.	de Breuning	Bonn		86	87	88	89	44
80	Steph.	de Breuning	Bonn	84	85	86	87	88	41v
81	Clem.Frhr.	de Freiberg	(Ephoebus)	87	88	90			44v

#	Vorname	Namen	Heimath	infima	1.Klasse	2.Klasse	3.Klasse	4.Klasse	fol.
82	Herc.Graf	de Gavasini	Ferrara					77	37v
83	Carolus Frhr.	de Goudenau	Bonn		85	86	87	88	42
84	Petr.	de Gruben	Bonn		85	86	87	88	42
85	C.M.Jos.	de Gynetti	Bonn		87	89	90		44
86	C.J.J.	de Heck	Düsseldorf				80		39v
87	Arm.Frhr.	de Höflinger			81	82	83	84	39v
88	Carl L.Frhr.	de Kevernberg				80	81	82	39v
89	Fran.	de Kleinsorgen	Bonn					77	37v
90	Engelb.	de Lammerz	Mainz				81	82	40
91	Max Frhr.	de Manteufel	Ringsheim	90					46v
92	Jos.S.R.	de Mastiaux	Bonn	79	80	81	82	83	38v
93	Frid.Frhr.	de Nagel	Münster	88					45
94	Joh.	de Pittoni	Bonn		77		79		35v
95	Andr.Frhr.	de Plettenberg	(Ephoebus)		87	89	90		44
96	Henr.Frhr.	de Reigersberg	Würzburg					84	42v
97	Car.	de Reuschen-berg	Bonn	85	86	87			43
98	Lud.Frhr.	de Ripperda	Wien		79	80			38
99	Max Frhr.	de Rolshausen	Thürnich				77	78	37
100	Fran.	de Schönen-beck	Windhagen	84	85				42
101	Frhr.	de Seida	Rheinberg		86	87	88		44
102	Clem.Frhr.	de Senden	(Ephoebus)	89					46
103	Frhr.	de Spiegel	(Ephoebus)	86	87	89	90		43v
104	Ferdin.	de Stieler	Bonn	78	79	80			38
105	J.N.Graf	de Thierheim	(Ephoebus)	83	84	85			41
106	Frhr.	de Waldenfels			85		87	88	42
107	Casp.J.Frhr.	de Weed	Bonn	90					46v
108	Casp.Frhr.	de Weichs	(Ephoebus)	89	90				46v
109	Frhr.	de Weichs	(Ephoebus)	87					45
110	Max Frhr.	de Weichs	Wenne		79	80	81	82	38
111	Barthol.	Decker	Meckenheim			81	82	83	40
112	Joan Adam	Decker	Meckenheim	81	82				39v
113	Henr.	Degen	Bonn	79	80	81	82	83	38
114	Martin	Degenhart	Bonn		79	80	81	82	38
115	Joan Pet.	Dernen	Bonn	84	85	86	87	88	41v
116	Eberhard	Dersch	Attendorn		82	83	84	85	40v
117	Hilar.	Dhum	Bonn				77	78	36v
118	Joh.Everh.	Dick	Niederdrees	77					35
119	Petr.	Dick	Schneffelrath		86	87			44
120	Maximil.	Dobeler	Bonn				77	78	36v
121	Pet.Jos.	Dofflein	Bonn		77		79	80	35v
122	Franc.	Drewer	Bonn	89					45v
123	Matth.	Dung	Bonn	89	0ß				45v
124	Barth.	Dupuis	Bonn	79	80	81	82	83	38v
125	Fra.Jos.	Dupuis	Bonn	87					44v
126	Laur.	Eichhof	Bonn	80	81	82	83	84	39
127	Joseph	Eiländer	Bonn		79	80	81	82	38
128	Franc.Carl	Eisermann	Bonn	79	80				38v
129	Theod.	Eller	Bonn	87					44v
130	Theod.	Eller	Bonn s.o.	88					45
131	Tobias	Engelmair	Bonn	88	89				45
132	Marth.	Ermekiel	Bonn	86	87	90			43
133	Ernest	Eschbaum	Brühl			77	78	79	36
134	Ernest	Eschbaum	Brühl s.o.			79			37v
135	Jac.	Eschweiler	Insborn				83	84	41v
136	Joan.Ant	Falkenstein	Bonn	79	80	81	82	83	38v
137	Constantin	Fechemer	Ahrweiler				81		40
138	Ignat.	Fels	Bonn		77				35v
139	Barthol.	Fischenich	Bonn	78	79	80			38
140	Ferdin.	Fischenich	Bonn	82	83	84		87	40v
141	Joseph	Fischer	Bonn	81	82	83	84	85	39v
142	Ant.	Flörcken	Bonn	77	78	79	80	81	35
143	Marc	Fonson	Bonn	84	85	86			41v

#	Vorname	Namen	Heimath	infima	1.Klasse	2.Klasse	3.Klasse	4.Klasse	fol.
144	Petrus	Fonson	Bonn	79	80	81	82	83	38v
145	Mich.	Franzen	Linz			86			44
146	Pet.	Friling	Bonn	89	90				45v
147	Fra.Jos.	Fülles	Bonn	79					38v
148	Jos.	Funcke	Bonn	82	83	84			40v
149	Mart.	Fürth	Bonn	87					43
150	Jacob	Gansen	Bonn	82	83	84	85	86	40v
151	Christ.Aloys	Garcis	Bonn					77	37v
152	Henrich	Geiger	Bonn	88					45
153	Joan Henr.	Geiger	Bonn	87					44v
154	Joan Henr.	Geiger	Bonn	89	90				45v
155	Joh.Jos.	Genger	Königswinter	82	83				40v
156	Theod.	Genger	Königswinter		77				35v
157	Wilhelm	Genger	Königswinter	78	79	80	81	82	38
158	Christian	Geyr	Garzweiler b.Jülich	80					39
159	Henr.	Giersberg	Plittersdorf	83	84	85	86	87	41
160	Mich.	Giersberg	Hombüchel		87	89			44
161	Ant.	Goebel				82	83	84	40v
162	Anton	Graff	Bonn			77	78	79	36
163	Joh.Nepom.	Graff	Bonn	77	78	79	80	81	35
164	Fra.Jos.	Grau	Bonn	79					38v
165	Joh.Dem.	Grondorf	Hoffstadt	80					39
166	Joseph	Gröninger	Bonn	89					45v
167	Maxim.	Groß	Transdorf	77	79	80	81		35
168	Joh.	Halleux	Charneux	80					39
169	Joh.Georg	Hamm	Hohekeppel					77	37v
170	Pet.	Hamm	Hohenkeppel				77	78	36v
171	Frid.	Hartig	Bonn	86					43v
172	Jean	Hartmann	Bonn s.o.	86	87				43v
173	Joan	Hartmann	Bonn	85					42v
174	Joh.Henr.	Hauptmann	Oberdrees	77	78	79			35
175	Jacob	Hausman	Köln	83					41
176	Pet.Wilh.	Hausmann	Blankenberg	77	78	79	80	81	35
177	Matth.	Heister		88					45
178	Anton	Hennes	Bonn	89					45v
179	Fra.Arn.	Hennet	Aachen	82	83	84			40v
180	Adam	Henrichs				77			36
181	Ant.	Herman	Bonn	90					46v
182	Ferd.	Hertmann	Bonn		85	86	87	88	42v
183	Pet.Jod.	Hertmann	Bonn	87	88				44v
184	Theod.	Heuser	Bonn	84	85				41v
185	Joh.Mich.	Hirschmann	Bonn	82	83	84	85	86	40v
186	Caspar	Höcker	Bonn	78	79	80			38
187	Joan Bapt.	Höcker	Bonn	81	82			85	39v
188	Matth.	Höcker	Bonn	87					44v
189	Albert	Hoecker	Bonn				77	78	37
190	Phil.	Hoecker	Bonn				77	78	37
191	Christoph	Hohenschurz	Kessenich	87					44v
192	Car.Jos.	Holler	Bonn	89					45v
193	Ferd.F.L.	Holthof	Bonn	77	78	79	80	81	35
194	Franc.Jos.	Holthof	Bonn			77	78	79	36
195	Joh.Wilh.	Honecker	Mesdorff	77	78	79	80	81	35
196	Aloys	Horix	Königswinter	82	83	84			40v
197	Jacob	Hornai	Bonn	85	86	87	88	89	42v
198	Jac.Wilh.	Hörster	Bonn		87	89	90		44
199	Joh.	Huberz	Landershoven	80		82			39
200	Joan	Hummerich	Bonn	83	84				41
201	Jos.	Hüppen	Attendorn		83				41v
202	Franc.Jos.	Hütten	Adenau			77	78	79	36
203	Nicol.	Huybens	Bonn		77		79		35v
204	Joan	Impekoven	Duisdorf	84	85	86			41v
205	Adolph	Ipp	Bonn		77				35v
206	Henr.	Isbach	Bonn	90					46v

#	Vorname	Namen	Heimath	infima	1.Klasse	2.Klasse	3.Klasse	4.Klasse	fol.
207	Joan Wima-Jenn rus		Neunkirchen		83	84			41
208	Ant.	Jungen	Bonn	85	86	87			42v
209	Adolph	Kanne	Bonn	89					45v
210	Fran.	Kanne	Bonn	87					44v
211	Franc.	Kanne	Bonn	88	90				45
212	Henr.	Kanne	Bonn	84	85	86	87	88	41v
213	Joann	Kanne	Bonn	79	80	81	82	83	38v
214	Everhard	Karth	Bonn	78	79	80			38
215	Jos.	Karth	Bonn	80					39
216	Laur.Sebast.	Karth	Bonn	80	81	82	83	84	39
217	Math.	Karth	Bonn		84	85	86		42v
218	Lamb.Jos.	Kauhlen	Bonn	89					45v
219	Anton	Kaukol	Bonn	78	79	80	81		38
220	Fra.Ant.	Kerp	Bonn	79	80	81	82		38v
221	Joh.Pet.Aloys	Kerp	Bonn				77	78	37
222	Wilh.	Kerp	Bonn	84					41v
223	Joh.Matthi.	Kerzman	Wormersdorf			83	84	85	41v
224	Wilh.	Keßel	Bonn	83					41
225	Christ.	Kirchhausen	Bonn	89	90				45v
226	Matth.	Klein	Bonn		77		79	80	35v
227	Stephan	Klein	Rheinbach	81		83	84	85	39v
228	Theod.	Klein	Rheinbach			81	82	83	40
229	Jac.	Klemmer	Bonn					77	37v
230	0	Klöckner		78					39
231	Clem.	Kobel	Bonn	83	84	85	86	87	41
232	..Ant.	Koch	Vilich	77	78	79-80			35
233	Frid.	Koch	Bonn	85	86	87	88	89	42v
234	Math.	Koch	Bonn		84	85	86	87	42v
235	Wilh.	Königs	Kirchhundem	90					46v
236	Adam	Kracht	Bonn	79	80	81	82	83	38v
237	Gerard	Kraus	Bonn	80	81	82	83	84	39
238	Herm.	Krechen	Dollendorf	84	85	86	87	88	41v
239	Petr.	Krevelt	Bonn	83					41
240	Joan Mich.	Krewer	Bonn	89	90				45v
241	Anton	Kriechel	Ahrweiler	79					38v
242	Joh.Georg	Kriechel	Ahrweiler				77	78	37
243	Matth.	Kriechel	Ahrweiler			77	78	79	36
244	Pet.Jos.	Kriechel	Ahrweiler	80					39
245	Joan Jos.	Kröner	Bonn	89					45v
246	Anton	Krupp	Bonn	89					45v
247	Pet.Jos.	Krupp	Bonn	81	82	83	84	85	39v
248	Joh.Mich.	Kuchem	Bonn				77		37
249	Carol.	Kügelgen	Bacharach		86	87	88		44
250	Gerard	Kügelgen	Bacharach		86	87			44
251	Joan Jos.	Kügelgen	Bonn	81	82	83	84	85	39v
252	Mart.Jos.	Künders	Potsdam				77	78	37
253	Jos.	Kupfer	Bonn	85	86	87	88	89	42v
254	Carl Otto	Kupper	Bonn				77	78	37
255	Nicol.	Lachaussé	Bonn	80	81	82	83	84	39
256	Jacob	Lamberz	Bonn	89					46
257	Joan	Langen	Bonn	84	85	86	87	88	42
258	Caspar	Lanzen	Bonn	79	80	81	82	83	38v
259	Henr.	Lanzer	Bonn	89	90				46
260	Adam	Lapostolle	Bonn		77				35v
261	Severin	Lapostolle	Bonn	89	90				46
262	Joan	Lenne	Bonn	84	85	86	87	88	42
263	Joann	Lenne	Bonn	81	82	83	84		40
264	Joh.	Lenne	Bonn s.o.	80					39
265	Joh.Wilh.	Lenne	Bonn	77	78				35
266	Max	Lenne	Bonn	79	80	81	82	83	38v
267	Ant.	Ließem	Bonn					77	37v
268	Casp.	Liessem	Bonn	84	85	86			42
269	Godfr.	Liessem	Bonn	80	81	82	83	84	39

#	Vorname	Namen	Heimath	infima	1.Klasse	2.Klasse	3.Klasse	4.Klasse	fol.
270	Wilh.	Ließem	Bonn	86	87	89	90		43v
271	Fran.Xav.	Lohe	Bonn	89					46
272	Henr.	Löltgen	Vernisch	83					41
273	Wilh.	Lovenberg	Bonn	89	90				46
274	Max.	Luchesi	Bonn	86		90			43v
275	Ign.Jac.	Maagh	Bonn	80	81	82	83	84	39
276	Godlieb	Marder	Coblenz	79					38v
277	Jos.	Marer	Poppelsdorf	82					40v
278	Ant.	Martin	Bonn	82	83	84	85	86	40v
279	Caspar	Martin	Bonn		77				35v
280	Joan	Martin	Bonn	79					38v
281	Ant.Casp.	Mastiaux	Bonn			77	78	79	36v
282	Casp.Ant.	Mastiaux	Bonn			77	78	79	36v
283	Max	Mastiaux	Bonn				77	78	37
284	Joan Franc.	Meder	Salmünster			83	84	85	41v
285	Matth.	Meiß	Sieglar	88	89	90			45
286	Christ.	Mertens	Bonn	87	88				44v
287	Gerard	Mertens	Bonn	81	82	83	84	85	40
288	Quir.	Mertens	Argendorf			77	78		36v
289	And.Eman.	Meyer	Bonn	82					40v
290	Carl Jos.	Meyer	Bonn	85	86	90			43
291	Fran.Jos.	Meyer	Bonn	84	85	86	87	88	42
292	Ign.Jac.	Meyer	Bonn	86	87				43v
293	Pet.Jos.	Mombaur	Oberdrees			85	86	87	42v
294	Christian	Müller	Bonn	80	81	82		84	39
295	Christoph	Müller	Bonn	80	81	82	83		39
296	Henr.	Müller	Eckendorf			81	82	83	40
297	Henr.	Müller	Niederdollendorf	88					45
298	Joa.Phil.	Müller	Bonn	87	88				44v
299	Jos.	Müller	Bonn	85	86	87	88	89	43
300	Christ.Aloys	Multer	Förde			83	84	85	41v
301	Ferd.	Münster	Bonn	86	87				43v
302	Joan Mart.	Nachtsheim	Waldorf		83	84	85	86	41
303	Pet.	Nachtsheim	Waldorf		87	89	90		44
304	Carol.	Neesen	Bonn		85	87	88	89	42v
305	Jos.	Neesen	Bonn	86	87	90			43v
306	Wilh.Jos.	Neesen	Bonn		81	83	84	85	40
307	Pet.Jos.	Nelles	Bonn					77	37v
308	Fran.Jos.	Nettekoven	Bonn	90					46v
309	Joh.	Nettekoven	Bonn			77	78	79	36v
310	Casp.	Neuburg	Andernach			77	78	79	36v
311	Pet.	Neußer	Bonn	83	84	85	86	87	41
312	Hen.Jos.	Nogari	Bonn	87	88				44v
313	Phil.	Norstatt	Bonn					77	37v
314	Henr.Jos.	Oberdörffer	Neunkirchen	77	78	79	80	81	35
315	Pet.Jos.	Odendahl	Bonn	87					44v
316	Maximil.	Odendall	Bonn	89	90				46
317	Ant.Jos.	Odenkirchen	Bonn					77	37v
318	Casp.	Oedekoven	Bonn	85	86				43
319	Casp.	Oedenkoven	Bonn	77	78	79	80	81	35
320	Joh.Mich.	Ohlerath	Homerzheim					77	37v
321	Joan	Olzem	Ramershoven	84					42
322	Car.Jos.	Oppenhof	Bonn	89					46
323	Henr.Wilh.	Orth	Neunkirchen		88	90			45
324	Max Fridr.	Ostler	Röttgen	82	83	84	85		40v
325	Henr.	Pagen	Königswinter	85	86				43
326	Carl	Passavanti	Bonn	82	83	84	85	86	40v
327	Franc.Xaver	Pauli	Kaldenreifferscheid		79	80	81	82	38
328	Joh.Jos.	Pauly	Kaldenreifferscheid					77	37v
329	Pet.	Penz	Bonn				77	78	37
330	Joan Jos.	Pfeifer	Bonn	83	84	85	86	87	41
331	Jos.	Pfennings	Honnef	86	87				43v
332	Gabr.	Pfingsten	Bonn	89					46
333	Francis.	Pick	Bonn	78	79	80			38

#	Vorname	Namen	Heimath	infima	1.Klasse	2.Klasse	3.Klasse	4.Klasse	fol.
334	J.Jos.	Pick	Bonn	85	86	87	88	89	43
335	Marcus	Pick	Bonn	83	84	85	86	87	41
336	Hubert	Plentz	Bonn	83	84	85			41
337	Herm.	Pollack	Bonn	89	90				46
338	Anton	Portz	Bonn	88					45
339	Thom.Ant.	Portz	Bonn	87	89	90			44v
340	Frid.Aloys	Porz	Bonn		84	85	86		42v
341	Carl	Pranghe	Bonn	77	78	79	80	81	35
342	Casp.	Prein	Bonn	84	85	86			42
343	Marc.Jos.	Priung	Waldbreitbach		88	89	90		45
344	Franc.	Probst	Bonn	90					46v
345	Henr.	Rademacher	Ersdorf	90					46v
346	Casp.	Reger	Bonn	89					46
347	Matth.	Reger	Bonn	87	88	90			44v
348	Andr.	Reichling	Lischer			77	78	79	36v
349	Mich.	Reiferscheid	Breitbach	86	88				43v
350	Christ.	Reifferscheid	Rheinbreitbach	89					46
351	Wilh.	Reuter	Gudenau	87					44v
352	Wilh.	Reuter	Bonn	88					45
353	Christ.	Rheindorf	Godesberg	89					46
354	Godfr.	Richarz	Siegen					85	42v
355	Mart.	Richter	Bonn		77	78			36
356	Pet.	Riegel	Muffendorf			77	78	79	36v
357	Joh.	Rosenkranz	Bonn				77		37
358	Bern.	Roth	Bonn					77	37v
359	Jos.	Rozzoli	Bonn	84	85	86	87	88	42
360	Conr.	Rübhausen	Ueckerath					77	37v
361	Leonard	Salm	Eupen		89				45v
362	Casp.Ant.	Sandfort	Bonn	89					46
363	Ignat.	Sarter	Bonn			77			36v
364	Joan Jos.	Sarter	Bonn	89	90				46
365	Herm.Jos.	Schagt	Bonn	83	84	85	86	87	41
366	Joh.Jos.	Scheven	Hennef		77	78	79	80	36
367	Pet.	Schlagwein	Lündorf(?)		84	85	86	87	42v
368	Albert	Schlichtinger	Ungarn	89	90				46
369	Pet.	Schlimgen	Bonn	85					43
370	Theod.	Schlösser	Bonn	89	90				46
371	Adolph	Schmidt	Bonn	84					42
372	Ant.	Schmitz	Bonn		77				36
373	Gregor	Schmitz	Spich		84	85	86		42v
374	Henr.	Schmitz	Gelsdorf				81	82	40
375	Henr.Jos.	Schmitz	Bonn			77	78		36v
376	Joann	Schmitz	Rheindorf	79	80	81	82		38v
377	Joes.Nicol.	Schmitz	Königswinter	77	78	79	80	81	35
378	Mich.	Schmitz	Bonn	89					46
379	Adolph	Schneider	Duisdorf	86	87	89	90		43v
380	Casp.	Schneider	Bonn	90					46v
381	Joh.Matthi.	Schneider	Carweiler			83	84	85	41v
382	Clem.	Schorn	Flerzheim		82	83	84		40v
383	Georg	Schrick	Bonn				77		37v
384	J.J.Pet.	Schrick	Bonn		87	89	90		44
385	Joh.Pet.	Schrick	Bonn	85	86				43
386	Joseph	Schüller	Buschdorf	81	82				40
387	Ant.	Schulten	Bonn	89					46
388	Jos.	Schumacher	Troisdorf	84					42
389	Godefr.	Schunk	Bonn	86	87				43v
390	Barth.	Schütz	Landeshofen	77	78	79	80	81	35
391	Godefr.	Schwaben	Siegburg			86			44
392	Jos.	Schwärzgen	Siegburg			86	87		44
393	Car.	Schwind	Bonn	87					44v
394	Ant.Jos.	Seidel	Bonn				77	78	37
395	Godfr.	Siassen	Bonn	84	85	86	87	88	42
396	Jacob	Siassen	Bonn	84	85	86	87	88	42
397	Ant.Jos.	Simon	Bonn	82	83	84	85		40v

#	Vorname	Namen	Heimath	infima	1.Klasse	2.Klasse	3.Klasse	4.Klasse	fol.
398	Joan	Spoener	Bonn			77			36v
399	Jos.	Spoener	Bonn	86	87	89	90		43v
400	Barth.	Spratten	Bonn	86	87				43v
401	Fran.	Spratten	Bonn		85	86	87		42v
402	Pet.	Spratten	Bonn		77	78	79	80	36
403	Nicol.	Startz	Aachen					83	41v
404	Godfr.Ign.	Stein	Geistingen	77	79	80	81	82	35v
405	Ger.Ant.	Steinhauß	Bonn	86	87	89	90		43v
406	Jos.	Steinmüller	Bonn			77	78	79	36v
407	Georg	Stemmer	Poppelsdorf		77	78	79	80	36
408	Joh.Wilh.	Strauch	Imgenbruch				77		37
409	Wilh.	Stricker	Oberpleis			86	87	88	44
410	Joan.Wilh.	Stroh	Eitorf	81	82	83	84		40
411	Pet.Jos.	Strunk	Hennef	79	80	81	82		38v
412	Franz	Sturm	Grau-Rheindorf			77	78		36v
413	Joan	Sülzen	Niederdollendorf	87	88	90			44v
414	Jos.	Sulzer	Dollendorf	85	86				43
415	Carl Otto	Thelen	Bonn				77	78	37
416	Joan Jos.	Thenoe	Rheinbach		83				41
417	Jacob	Theßart	Limburg				77	78	37
418	Herm.Jos.	Thönneßen	Bonn				86	87	44
419	Edmund	Thynen	Rheinbach		81	83	84	85	40
420	Franc.Jos.	Tils	Königswinter	90					46v
421	Joh.Henr.	Toppius	Nehem		77	78	79		36
422	Pet.	Trevisani	Bonn	83	84	85	86	87	41
423	Ant.	Trommen-schlaeger	Gelsdorf	79	80	81	82	83	38v
424	Herm.Jos.	Unkels				82	83		40v
425	Athanas.	Urbach	Bonn	80	81	82	83	84	39v
426	Andr.Ant.	Velten	Bonn	88		90			45
427	Andreas	Velten	Bonn		79	80	81		38
428	Bernard	Velten	Bonn	81	82	83	84	85	40
429	Herm.	Velten	Bonn		77	78	79		36
430	Pet.Jos.	Velten	Heimerzheim	87	88				44v
431	Simon Jos.	Vercken	Eupen	89					46
432	Nicol.Pet.	Verken	Eupen	90					46v
433	Herm.	Vianden	Duisdorf	84	85	86			42
434	Ferd.Frhr.	von Bourscheid	Ubius		78	79		81	37v
435	Andr.	Wachendorf	Adendorf	81	82	83	84	85	39v
436	Paul	Wahlen	Bonn				77		37v
437	Henr.	Waßermeyer	Bonn	84	85	86	87	88	42
438	Ignat.Corn.	Wassermeyer	Bonn	82	83	84	85	86	40v
439	Bad.Mar.Fid.	Weber	Bonn	77					35v
440	Joan	Weber	Bonn	86	87				43v
441	Steph.	Weber	Adenau	86	87				43v
442	Joh.Jos.	Webers	Brilon	77	78	79			35v
443	Franz Gerh.	Wegeler	Bonn	77	78	79	80	81	35v
444	Jos.	Weingarz	Büderich					84	42v
445	Joan Adam	Weiß	Bonn	86	87	89	90		43v
446	Conrad	Werner	Bonn	81					40
447	Ferd.	Weßel	Bonn	86	87	89	90		43v
448	Ludov.	Wessel	Bonn	87	89	90			45
449	Carl Jos.	Windeck	Bonn				77	78	37
450	Mart.	Windeck	Bonn	77	78	79	80	81	35v
451	Andr.	Wirtz	Bonn	81	82	83	84	85	40
452	Pet.Jos.	Wirtz	Bonn	77	79	80			35v
453	Ant.	Wirz	Bonn	85	86				43
454	Pet.Jos.	Wolter	Bonn	78	79	80	81	82	38
455	Jos.	Woringen	Bonn	79	80	81	82	83	38v
456	Petr.	Worms	Rheindorf	84	85	86	87	88	42
457	Georg	Wuest	Schweinheim	79	80	81	82	83	38v
458	Adolph	Wulff	Bonn	87	88	90			45
459	Frid.	Wulff	Bonn	87	88				45
460	Jos.	Wulff	Bonn	82	83	84	85	86	40v

#	Vorname	Namen	Heimath	infima	1.Klasse	2.Klasse	3.Klasse	4.Klasse	fol.
461	Clem.	Wurm	Poppelsdorf	85					43
462	Ferd.	Wurzer	Bonn		77	78	79	80	36
463	Joseph	Wurzer	Bonn	81	82	83	84	85	40
464	Herm.Jos.	Wüsten	Bonn	80	81	82	83	84	39v
465	Henr.	Zambona	Bonn	87					45
466	Jos.	Zambona	Bonn				77	78	37
467	Joh.Jac.	Zapf	Prüm				83	84	41v
468	Andr.	Zartmann	Bonn	79	80	81	82	83	39
469	Joh.Bapt.	Zartmann	Bonn		77	78	79		36
470	Fra.Ant.	Zedlitz	Bonn	79	80	81	82	83	39
471	Clem.	Zehntner	Bonn	86	87				43v
472	Leon.	Zeyen	Bracht					77	37v
473	C.A.	Ziegler	Bonn	85	86	87	88	89	43
474	Barthol.	Zobies	Bonn				77	78	37

aus Bonn:290
in v.H.62%

Philosophie

fol. 89 ff

#	Vorname	Name	Heimath	Kateg.	Datum	Geld	Logik	Mathematik	Physick	fol.
1	Fr.	Adrianus	Wipper	Religios.	09.12.1785		85	86		94v
2	Adam	Aldenhoven	Ahrweiler	ornat.	11.12.1781	20	81	82		91v
3	Franz	Aldenhoven	Zons						77	89v
4	Jos.	Angelbis	Bonn	ornat.	14.12.1786		86	87	86	94v
5	Adam	Ankenbrand	Bonn	ornat.	06.12.1780		80	81		91
6	Salomon daeus	Ju-Anschel	Bonn	ornat.	14.12.1786		86	87		95
7	Frid.	Anthe	Hallenberg	ornat.	14.12.1780	gratis		81		91v
8	Heribert	Arck	Bonn	ornat.	09.02.1779	20	78			90v
9	Franc.	Asmus	Düsseldorf							92
10	Fr.	Augustinus	Erkelenz	Religios.	09.12.1785		85	86		94v
11	P.	Aurelianus	Eupen, Cap.	Religios.	27.01.1784		83			93
12	Pet.Jos.	Averdonk	Bonn				77			89
13	Severin	Averdonk	Bonn	ornat.	20.12.1784		84	85		94
14	Carl Aloys	Bachem	Bonn						77	90
15	Clem.	Bauer	Bonn	ornat.	09.02.1779	20	77	77	78	89
16	Barth.	Baum	Bonn	ornat.	08.12.1782	20	82	84		92v
17	Henr.	Becker	Leuscheid	ornat.	09.12.1785		85			94
18	Joan Jac.	Becker	Bonn	ornat.	12.12.1781	20	81	82		92
19	Petrus	Becker	Bonn	ornat.	02.12.1779	gratis	79	80		91
20	Joh. Bapt.	Belserosky	Bonn						77	89v
21	Joan	Best	Gelsdorf	ornat.	30.11.1779	20	79	80		90v
22	Engelbert	Bigeleben	Arnsberg	praenob.	27.12.1786			86		95
23	Joh.	Bitter	Bonn	ornat.	14.12.1783	20	83	84		92v
24	Ferd.Jos.Const.	Bodifé	Bonn	praenob.	12.12.1781	40	81	82		91v
25	Henr.Jos.Ferd.	Bodifé	Bonn	ornat.	14.12.1783	20	83	84		93
26	Dominic	Boey	Aachen						77	89v
27	Henr.	Braschos	Eschmar						77	89v
28	Pet.Jos.Ant.	Breuer	Bonn	ornat.	09.02.1779		77	78	79	89
29	Joh.Wilh.	Brewer	Bonn	ornat.	14.12.1783		83			93
30	Carl Jos.	Calenberg	Ludendorf	ornat.	31.01.1779		78			90
31	And.Jos.	Clouth	Breitbach	ornat.	26.12.1781	20	81	82		92
32	Jod.Wilh.	Clouth	Breitbach	ornat.	03.01.1783	20	82			92v
33	Gaudent.	Courtin	Bonn	ornat.	11.12.1781	20	81	82		91v
34	Pet.J.	Cramer	Wormersdorf	ornat.	09.12.1785		85	86		94
35	Constantin	Custodis	Gelsdorf	ornat.	26.11.1779	20	79	80		90v
36	Adam	Dahm	Bonn						77	89v
37	Herm.	Dahmen	Bonn	ornat.	20.12.1784		84	85		93v
38	Max Frhr.	d'Aix	Bonn						86	95
39	Jos.Ant.	Dänzer	Bonn	ornat.	14.12.1780	gratis	80	81		91v
40	Fra.Frid.	Dardenne	Bonn	ornat.	18.06.1781	20	81	81		91v
41	Max Jos.	Dattenfels	Villip s.o.	ornat.	14.12.1786		86			95
42	Max.Jos.	Dattenfels	Villip	ornat.	09.12.1785		85		86	94
43	Frhr.	de Bourscheid	(Ephoebus)				82			92v
44	Fra.Jac.	de Breuning	Mergentheim	nobilis	02.11.1781	40	81	82		91v
45	Pet.Jos.	de Castro	Bonn				77		77	90
46	Carol.	de Gruben	Bonn	nobilis	09.02.1779	40	77		78	89
47	Theod.	de Haack	Koblenz	praenob.	14.12.1786		86			95
48	Frhr.	de Höflinger	(Ephoebus)				84			94
49	Frhr.	de Kevernberg	(Ephoebus)				83			93
50	Fr.Theod.	de Kleinsorgen	Bonn	nobilis	11.02.1779	20	78			90v
51	Franc.Frhr.	de Lilien	Werl					86		95
52	Jos.Frhr.	de Lilien	Werl	generosus	06.12.1780		80			91
53	Ant.Casp. Ritter	de Mastiaux	Bonn	generosus	15.09.1780	40	80	81		91
54	Ant.Joh.Nep.Rit- ter	de Mastiaux	Bonn	generosus	15.09.1780	40	80	81		91
55	Max Ritter	de Mastiaux	Bonn	ornat.	05.05.1780	40	79	80		91

#	Vorname	Name	Heimath	Kateg.	Datum	Geld	Logik	Mathematik	Physick	fol.
56	Max.Jos.	de Mastiaux	Bonn	strenuus generosus	20.12.1784		84	85	86	94
57	Jos.Frhr.	de Mellin	Werl	generosus	06.12.1780	40	80			91
58	Phil.Leop.	de Norstadt		nobilis	09.02.1779	gratis	78			90v
59	Frid.Wilh.Joan	de Paula	Erkelenz	ornat.	14.12.1779	gratis	79	80		91
60	Phil.Frhr.	de Reichers-berg	Würzburg	perillustris	20.12.1784		84			93
61	Henr.Frhr.	de Reigersberg	Würzburg				85			94v
62	Max Frhr.	de Rolshausen	Thürnich				79			91
63	*	de Tassigny	Lieutenant						86	95
64	Frhr.	de Thierheim	(Ephoebus)						86	95
65	Frhr.	de Weichs	(Ephoebus)				83			93
66	Barth.	Decker	Meckenheim	ornat.	20.12.1784		84	85		93v
67	Henr.	Degen	Bonn	ornat.	20.12.1784		84	85		93v
68	Joh.Martin	Degenhard	Bonn	ornat.	14.12.1783	gratis	83	84		93
69	Jonas	Deleau	Spa	praenob.	14.12.1786		86			94v
70	Laur.Jos.	Deleau	Spa	praenob.	14.12.1786		86			94v
71	Andr.Jos.	Delrée	Franchimont	ornat.	27.02.1782	20	82			92
72	Everh.	Dersch	Attendorn	ornat.	14.12.1786		86	87	86	95
73	Hilarius	Dhum	Bonn	ornat.	02.12.1779	20	79	80		91
74	Max	Dobbeler	Bonn	ornat.	30.12.1780	20		80		91v
75	Franz Ant.	Duncker	Arnsberg	ornat.	08.02.1779		78			90v
76	Barth.	Dupuis	Bonn	ornat.	09.12.1785		85	86	86	94
77	Joseph	Ebach	Wien	ornat.	07.12.1782	20	82	83		92
78	Ferd.	Ebole	Bonn						77	89v
79	Norb.Jos.Laur.	Ecke	Bonn	ornat.	09.02.1779		77		78	89
80	Laur.	Eichhof	Bonn	ornat.	09.12.1785		85	86	86	94
81	Ant.Jos.	Eicke	Reichlinghausen	ornat.	20.12.1784		84	85		93v
82	Pet.Jos.	Eiländer	Bonn	ornat.	14.12.1783		83	84		93
83	Ern.Salent.	Eschbaum	Brühl	ornat.	11.12.1781	20	81			91v
84	Joan	Falkenstein	Bonn	ornat.	20.12.1784		84			93v
85	Constant.	Fechemer	Ahrweiler	ornat.	04.12.1782	20	82	83		92
86	Pet.Jos.	Fey	Münstereifel	ornat.	09.02.1779		77		78	89
87	Maur.	Fischenich	Bonn	ornat.	09.02.1779		77	77	78	89
88	Ant.	Flörcken	Bonn	ornat.	12.12.1782	20	82	83		92v
89	Petrus	Fonson	Bonn	praenob.	20.12.1784		84			93
90	Godfr.Sigism.	Franz	Düsseldorf				77			89
91	Jos.Ferd.	Franzen	Honnef				77	77		89
92	Jo.Jos.	Freidhof	Attendorn	ornat.	14.12.1786			86		94v
93	Franc.Wilh.	Frings	Linz	ornat.	20.12.1784		84			93v
94	Ferd.	Gamen	Hönningen	ornat.	14.12.1786		86	87	86	95
95	Christ.Aloys	Gareis	Bonn	ornat.	31.01.1779	20	78			90
96	Wilh.Jos.	Genger	Königswinter	ornat.	14.12.1783		83	84		93
97	Henr.	Giebel	Linz	ornat.	14.12.1780	20		80		91v
98	Jacob	Giesen	Walporzheim	ornat.	09.02.1779		77	77	78	89
99	Reiner	Gödderz	Werth	ornat.	09.02.1779		77		78	89
100	Joh.Fridr.	Görres	Niederbachem	ornat.	09.02.1779		77		78	89
101	Joes. Nepom.	Graff	Bonn	ornat.	11.12.1782	20	82	83		92v
102	P.	Guido	Aachen, Cap.	Religios.	27.01.1784		83			93
103	Joh.Herm.Loth.	Guinbert	Brühl	ornat.	26.1.1779	20	77	77	787	89
104	Joan Georg	Hamm	Hohenkeppel	ornat.	06.02.1779		78		79	90
105	Joh.Pet.	Hamm	Hohenkeppel	ornat.	03.12.1779	20	79	80		91
106	Ferd.	Hanf	Dorsten					87		95
107	F.Hermolaus	Hansman	Min.Conv.				83			93
108	Pet.Wilh.	Hausman	Blankenberg	ornat.	07.12.1782	20	82	83		92
109	Anno	Heften	Adenau				77			89
110	Barth.	Hempelman	Giershagen	ornat.	28.01.1784	gratis	83	84		93
111	Jos.Arn.	Herkenrath	Kempen	ornat.	14.12.1786			86	86	94v
112	Jos.	Heße	Brilon						77	89v
113	F. Gallus	Hesselbach	Min.Conv.				82			92v
114	Casp.Ant.	Hild	Olbrück Burg	ornat.	23.12.1781		81	82		92
115	Franc.Herm.	Hillebrand	Richlinghausen	ornat.	01.12.1779	20	79	80		90v
116	Jacob	Hirschmann	Bonn					77		90
117	Philip	Höcker	Bonn	praenob.	16.11.1779	30	79	80		90v

#	Vorname	Name	Heimath	Kateg.	Datum	Geld	Logik	Mathematik	Physick	fol.
118	Jos.	Hohenschurz	Kessenich	ornat.	08.02.1779		77	77	78	89
119	Carl Frid.	Holthoff	Bonn	ornat.	06.12.1782	40	82	83		92
120	Fran.Jos.	Holthoff	Bonn	praenob.	06.12.1780	40	80	81		91v
121	Herm.Jos.	Honecker	Mesdorf	ornat.	08.02.1779		77		78	89
122	Joh.Wilh.	Honecker	Mesdorf	ornat.	10.02.1783		82	83		92v
123		Hundhausen	Lieutenant						86	95
124	Aloys	Hungs	Aachen						77	89v
125	Jos.	Hungs	Aachen					77	77	89v
126	Fran.Ferd.	Hütten	Adenau	ornat.	19.06.1780	20	81	81		91v
127	Ant.Jos.	Huybens	Köln	ornat.	29.01.1779		77		78	89
128	P.	Innocentius	Beggendorf, Cap.						86	95
129	Adam	Isaac	Bonn					77	77	89v
130	P.	Justinus	Münster, Cap.	Religios.	27.01.1784		83			93
131	Joan	Kanne	Bonn	ornat.	20.12.1784		84			93v
132	Joh.Ant.	Kaukol	Bonn	ornat.	14.12.1783	20	83	84		92v
133	Joan Pet. Aloys	Kerp	Bonn	ornat.	6.12.1779	gratis	79	80		91
134	Pet.Jos.	Kersenbrock	Rühlinghausen	ornat.	06.01.1782	20	82	82		92
135	Christoph	Kindts	Schönecken	ornat.	11.03.1784	20	83			92v
136	Daniel	Klein	Linz	ornat.	14.12.1786			86	86	94v
137	Matth.	Klein	Bonn	ornat.	31.01.1782	20	82			92
138	Stephan	Klein	Rheinbach	ornat.	14.12.1786		86	87	86	94v
139	Theod.	Klein	Rheinbach	ornat.	20.12.1784		84	85		94
140	Joh.Jacob	Knieps	Ahrweiler	ornat.	0		77	77		89
141	P. S.	Knieps	Min.Conv.				79			91
142	Ant.Casp.	Koch	Vilich	ornat.	14.12.1783	20	83	84		92v
143	Henr.Bonav.	Kocks	Bonn	ornat.	09.02.1779		77	77	78	89
144	Joh.	Kracht	Bonn	ornat.	20.12.1784		84	85	86	93v
145	Ant.Jos.	Kräuser	Gimmersdorf						77	89v
146	Gerard	Krauß	Bonn	ornat.	09.12.1785		85	86	86	94
147	Joan Georg	Kriechel	Ahrweiler	ornat.	03.12.1779	20	79	80		91
148	Carol.Otto	Küpper	Kessenich	ornat.	03.12.1779	20	79	80		91
149	Godfr.Sigism.	Lampell	Lövenich						77	89v
150	Casp.	Lanzer	Bonn	ornat.	20.12.1784		84	85		93v
151	Adam Fra.	Lejeune	Verviers	ornat.	27.02.1782	20	82			92
152	Max.	Lenne	Bonn	ornat.	20.12.1784		84			93v
153	Ant.Jos.	Ließem	Bonn	ornat.	08.02.1779	20	78			90v
154	Godef.	Ließem	Bonn	ornat.	09.12.1785		85	86	86	94
155	Theod.	Limmerz	Königswinter						77	90
156	Joan Pet.	Loendorf	Linz	ornat.	20.12.1784		84	85		93v
157	Jacob	Maagh	Bonn	praenob.	09.12.1785		85	86	86	94
158	Joh.Pet.	Mäurer	Königswinter				77	77		89v
159	Franc.	Meder	Salmünster	ornat.	14.12.1786		86	87	86	94v
160	Henr.Jos.	Mengelberg	Linz	ornat.	12.12.1781	20	81	82		92
161	Jo.Jo.	Mengelberg	Linz	ornat.	09.12.1785		85		86	94
162	Gerard	Mertens	Bonn	ornat.	14.12.1786		86	87	86	94v
163	Aloys	Moeren	Sinzig	ornat.	20.12.1784		84	85		93
164	Henr.	Müller	Brühl	ornat.	02.12.1779	20	79			91
165	Matth.Jos.	Müller	Adenau	ornat.	14.12.1786		86	87	86	95
166	Christ.	Multer	Förde	ornat.	14.12.1786		86	87	86	95
167	Joh.Wilh.	Münster	Blatzheim	ornat.	28.01.1784	gratis	83	84		92v
168	Wilh.Jos.	Neesen	Bonn	praenob.	14.12.1786		86	87		95
169	J.Jos.Gang.	Nelles	Bonn	ornat.	12.03.1779	20	78	79		90v
170	Theod.Jos.	Nettekoven	Bonn						77	90
171	Pet.	Nöltgen	Königswinter				77			89v
172	Ferd.Wilh.	Nuppeney	Andernach	praenob.	26.12.1781		81	82		92
173	Jac.Jos.	Nuppeney	Andernach	ornat.	20.12.1784		84			93v
174	Henr.Jos.	Oberdörfer	Neunkirchen	ornat.	07.12.1782	20	82	83		92
175	Ant.Jos.	Odenkirchen	Bonn	ornat.	09.02.1779		78			90v
176	F.Udalr.	Odenkirchen	Min.Conv.					81		91v
177	Casp.	Oedekoven	Bonn	ornat.	17.12.1782	20	82			92v
178	Wilh.Jos.	Olberz	Schneppenheim	ornat.	14.12.1786			86	86	94v
179	Michael	Olerath	Hommerzheim	ornat.	31.01.1779	gratis	78			90
180	F.Othmar	Ollig	Min.Conv.				83			93
181	Ferd.Georg	Pape	Bracht (Luxemb.)	ornat.	14.12.1780	gratis		80		91v

#	Vorname	Name	Heimath	Kateg.	Datum	Geld	Logik	Mathematik	Physick	fol.
182	Franc.Xav.	Pauli	Kaldenreiferscheid	ornat.	18.12.1783	20	83			92v
183	Joseph	Pauly	Kaldenreiferscheid	ornat.	26.01.1779		78		79	90
184	Matth.	Pauly	Boß (Luxemb.)				77			89v
185	Mich.	Pirsch	Volmaringen						77	90
186	Pet.Jos.	Plenz	Bonn	ornat.	15.11.1779	20	79	80		90v
187	Pet.Aloys	Portz	Bonn	ornat.	07.02.1779	gratis	78	79		90v
188	Fran.	Prange	Brilon	ornat.	09.12.1785		85			94v
189	Ladislaus	Pranghe	Lechenich	ornat.	24.01.1779	gratis	77		78	89v
190	Herm.	Pulte	Thülen	ornat.	20.12.1784		84	85		93v
191	*	Reichelstein	Siegen					81		91v
192	Adolph	Rhiem	Kühlseggen	ornat.	15.01.1779	20	78		79	90
193	Joh.Pet.	Riegel	Muffendorf	ornat.	10.07.1781	gratis	81	81		91v
194	Bern.Jac.	Roth	Bonn	ornat.	07.02.1779	20	78	79		90v
195	Joan Conr.	Rübhausen	Ueckerath	ornat.	29.01.1779		78		79	90
196	Michael	Rütsch	Münstereifel	ornat.	06.02.1779		78		79	90
197	Mat.Jois.	Satzfey	Münstereifel	ornat.	09.12.1785		85	86	86	94
198	Just.Marianus	Saur	Siegburg	ornat.	26.11.1779	20	79			90v
199	Max Henr.Jos.	Schaefer	Ahrweiler	ornat.	08.02.1779		78	79		90v
200	Joh.Bapt.	Schaerre	Esch (Luxemb.)	ornat.	24.01.1779		77	77	78	89v
201	P.S.	Schefer	Min.Conv.				79			91
202	Frid.	Scheif	Linz	ornat.	20.12.1784		84			94
203	Joan Jos.	Scheven	Hennef	ornat.	22.02.1782	20	82			92
204	Henr.Jos.	Schmitz	Gelsdorf	ornat.	14.12.1783	20	83	84		92v
205	Hubert	Schmitz	Linz	ornat.	14.12.1786		86			94v
206	Joan	Schmitz	Rheindorf	ornat.	20.12.1784		84			94
207	Joes Nicol.	Schmitz	Königswinter	ornat.	13.12.1782	20	82	83		92v
208	Joan Matth.	Schneider	Karweiler	ornat.	14.12.1786		86	87	86	94v
209	Joan Georg	Schrick	Bonn	ornat.	26.01.1779		78		79	90
210	M.A.	Schüller	Großaldendorf				77			89v
211	F. Thomas	Schunk	Min.Conv.				82			92v
212	Barth.	Schütz	Landershoven				83			93
213	Ant.Jos.	Seidel	Bonn	ornat.	16.11.1779	19	79	80		90v
214	Henr.	Sethe	Bonn						77	90
215	Joh.Pet.	Sett	Frankfurt						77	90
216	Joes.Bapt.	Spoener	Bonn	ornat.	06.12.1780		80	81		91
217	Pet.Jos.	Spratten	Bonn	ornat.	11.12.1781	20	81	82		91v
218	Nicol.	Starz	Aachen	ornat.	20.12.1784		84			93v
219	Ign.Jos.	Stein	Geistingen	ornat.	18.12.1783	20	83			92v
220	Joan Georg	Stemmer	Poppelsdorf	ornat.	27.02.1782	20	82	83		92
221	Joan Wilh.	Strauch	Monschau	ornat.	06.12.1779	gratis	79	80		91
222	Martin	Thenae	Rheinbach	ornat.	08.01.1782	20	82			92
223	Etmund	Thynen	Rheinbach	ornat.	14.12.1786		86	87	86	95
224	Joh.Henr.	Tilmans	Röhe						77	90
225	Steph.	Todemann	Sommersberg	ornat.	11.12.1782	20	82	83		92v
226	Ant.	Trommen-schlaeger	Gelsdorf	ornat.	20.12.1784		84			93v
227	Athanas.	Urbach	Bonn	ornat.	09.12.1785		85	86	86	94
228	Casp.Adolph	Vent	Walberberg				77			89v
229	Andr.Jos.	Wachendorf	Adendorf	ornat.	14.12.1786		86	87	86	94v
230	Paul	Wahlen	Bonn	ornat.	09.02.1779		78	79		90v
231	Ludov.	Weber	Stachelau	ornat.	14.12.1786		86	87	86	95
232	Matth.	Weber	Odesheim	ornat.	02.01.1782	20	81			92
233	Joan Jos.	Webers	Brilon	praenob.	0		84	85		93v
234	Fra.Gerh.	Wegeler	Bonn	ornat.	08.12.1782	gratis	82	83		92
235	Ant.Jos.	Weingartz	Düsseldorf	ornat.	14.12.1783		83			93
236	Henr.	Weingarz	Büdderich	ornat.	09.12.1785		85			94v
237	P.	Wendelinus	Köln, Cap.						86	95
238	Joh.Henr.	Werner	Bonn					77	77	90
239	Franc.	Westerholt	Recklinghausen	ornat.	06.12.1780	20	80	81		91
240	Carl	Windeck	Bonn	ornat.	26.11.1779	20	79	80		90v
241	Mart.Jos.	Windeck	Bonn	ornat.	09.12.1782	20	82	83		92v
242	Andr.Jos.	Wirtz	Bonn	ornat.	14.12.1786		86	87	86	94v
243	F.Wigbert	Wollersheim	Min.Conv.				81			91v
244	Pet.Jos.	Wolter	Bonn	ornat.	14.12.1783	20	83	84		93

#	Vorname	Name	Heimath	Kateg.	Datum	Geld	Logik	Mathematik	Physick	fol.
245	Jos.	Worringen	Bonn	ornat.	20.12.1784		84	85		93v
246	Georg	Wuest	Schweinheim	ornat.	20.12.1784		84			93v
247	Herm.Jos.	Wuest	Bonn	ornat.	09.12.1785		85			94
248	Ferd.Jos.	Wurzer	Brühl	ornat.	11.12.1781	20	81	82		91v
249	Jos.	Wurzer	Bonn	ornat.	14.12.1786		86	87	86	94v
250	Andr.Jos.	Zaetman	Bonn	ornat.	18.12.1784		84	85		93
251	Joh.Jos.	Zambona	Bonn	ornat.	06.12.1780	20	80			91v
252	Franc.	Zedlitz	Bonn	praenob.	0		84			93v
253	Joh.Jos.	Zedlitz	Bonn	praenob.	12.02.1779		77		79	89v
254	Leonard	Zeyen	Bracht (Luxemb.)	ornat.	26.01.1779		78			90
255	Barthol.	Zobies	Bonn	ornat.	21.11.1779	20	79			90v
							212	**139**	**78**	

aus Bonn:91
in v.H.36%

Kategorie:		Gebühren:	
generosus:	4	gratis:	16
nobilis:	4	20 Stüber	64
ornatus:	169	30 Stüber	1
perillustris	1	40 Stüber	9
praenobilis:	14		
Religiosus:	4		
strenuus:	1		

Die ferneren sehe pag[ina] 226 [hier Seite 51 ff] nach errichteter Universität mit anderen zusammengesetzt.

Medizin

fol. 139 ff

#	Vorname	Namen	Heimath	Kateg.	immatr.	Geld	Chirurgie	Anatomie	Medizin	Geburtsh.	fol.
1	Fran.	Asmus	Düsseldorf	ornat.	17.01.1782	gratis	81				139
2	Carol.Aloys	Bachem	Bonn	praenob.	09.12.1779	1 fl.			79		139
3	Joan	Baden	Bonn	ornat.	01.02.1787		86-88				141
4	Henr.	Beeck	Bonn	ornat.	01.02.1787		85-87	85			140v
5	Herm.	Berchgen	Grimlinghausen	ornat.	09.05.1787		87				141
6	Franc.	Boerman	Marl	ornat.	01.02.1787		86				141
7	Joa.Adolph	Boerse	Haltern	ornat.	19.01.1782		81-82				139v
8	Henr.	Borenz	Köln								139
9	Joh.Ado.	Broch	Elsen	ornat.	12.12.1785		85	85	85		140v
10	Fra.Jos.	Brunner	Siegburg	ornat.	22.12.1783	30	84		83-86		140
11	Godefr.Henr.	Brunner	Siegburg	ornat.	22.12.1783	30	84		83-88		140
12	Ant.	Bungart	Wensberg				82,83				139
13	Ant.	Bungarz	Münstereifel	ornat.	19.01.1782		81-83				139v
14	Ferd.	carri	Bonn	ornat.	01.02.1787		83-90				140
15	Mart.	Clasen	Bonn	ornat.	19.01.1782		81				139v
16	Mart.	Claßen	Bonn								139
17	Nicol.	Cremer	Bonn	ornat.	19.01.1782		81-83				139v
18	Mich.Jos.	Däly	Amerika	ornat.	28.1.1784	30	84-85		83-86		140
19	Pet.Jos.	Daniels	Köln	praenob.	24.11.1783	gratis	83		83		139v
20	Jos.Godschalk	de Gelderen	Düsseldorf	praenob.	14.12.1786		86				140v
	Judaeus										
21	Jos.	Ebach	Wien	ornat.	23.12.1783	10	84-85		83-86		140
22	Ant.Jos.	Eick	Richlinghusen	ornat.	12.12.1785		85-88	85	86,87		140v
23	Ant.	Fels	Bonn	ornat.	17.07.1783		83-86		84		139v
24	Joh.Ant.	Fels	Bonn				82				139
25	Pet.Wilh.	Ferber	Erpel	ornat.	12.11.1783	30	83-84		83-84		139v
26	Franc.Pet.	Fischer	Bonn	ornat.	01.02.1787		86-91				141
27	Joh.Ant.	Flörken	Bonn	ornat.	18.12.1783	10	83-85		83-86		139v
28	Pet.A.	Fonson	Bonn	ornat.	12.12.1785		84-88	85	85-88		140v
29	Frider.	Friedel	Sachsen	ornat.			82-86		85		139v
30	Matth.Conr.	Gesch	Neuss								139
31	Laur.	Görres	Bonn	ornat.	30.12.1783		83-91		83		140
32	F.Hermolaus	Hansman	Min.Conv.	relig.	14.12.1786		86		86		140v
33	Pet.Wilh.	Hausman	Blankenberg	ornat.	27.12.1783	10	83-85		83-87		140
34	Simon	Hegel	Brühl	ornat.	19.01.1782	gratis	81-83		84		139
35	Joseph	Heigel	Brühl				81,82				139
36	Bern.	Heiß	Köln				81-83				139
37	Barth.	Hempelmann	Giershagen	ornat.	12.12.1785		85-87	85	86,87		140v
38	Mart.	Herg	Bonn	ornat.			82-86		85		139v
39	Jos.	Hollmann	Bedburg	ornat.	12.12.1785		85	85	85		140v
40	Carl Frid.	Holthof	Bonn	praenob.	21.12.1783	20	84		83-84		140
41	Jos.	Hombach	Wissen	ornat.	01.04.1784	gratis	83-84				140
42	Henr.	Jaeger	Düsseldorf	ornat.	12.12.1785		85	85			140v
43	P.Romu.	Jochmaring	Prof.Phys.				83		83		140
44	Jo.Christ.	Joeckel	Olau	ornat.	23.12.1783	gratis	83-85		83-86		140
45	Pet.Paul	Kellner	Bonn	ornat.	09.01.1784		83-89				140
46	Jos.	Klein	Bonn	ornat.	30.12.1783		83-90				140
47	Franz	Kleinbauer	Medebach	ornat.	12.12.1785		85	85			140v
48	Ant.	Klug	Bonn								139
49	Casp.	Klug	Bonn	ornat.	01.02.1787		86-91				141
50	Jos.	Königstein	Köln	ornat.	12.12.1785		85	85	85		140v
51	Fra.Matth.	Kräuseler	Bonn	ornat.	19.01.1782	gratis	81-89				139v
52	Christ.Laur.	Krell	Dülmen	ornat.	28.01.1784		83				140
53	Franc.Nic.	Kremer	Bonn				83-84		84		140
54	Clem.	Lapostolle	Bonn				81-83				139
55	Math.	Leidener	Bonn				81-83				139
56	Pet.	Leydener	Bonn				81-83				139
57	Gabr.	Lock	Bonn								139

#	Vorname	Namen	Heimath	Kateg.	immatr.	Geld	Chirurgie	Anatomie	Medizin	Geburtsh.	fol.
58	Bal.Xav.Nic.	Mödder	Köln	ornat.	12.12.1785		85	85	85		140v
59	Hub.Wilh.	Müller	Münstereifel	ornat.			82-83				139v
60	Rupert Wilh.	Müller	Münstereifel	ornat.	18.12.1786		83-91				140
61	Carol.Dominic	Muß	Bonn	ornat.	01.12.1779	gratis	79,84,86				139
62	Ant.	neunert	Bonn	ornat.	29.12.1783	gratis	83-87		83		140
63	Franc.	Neunert	Bonn	ornat.	01.02.1787		86-90				141
64	Wilh.	Nucker	Bergheim	ornat.	12.12.1785		85-89	85			140v
65	Ant.	Pakenius	Bonn								139
66	Herm.Jos.	Pulte	Thulen	ornat.	14.12.1786		86-90	87	86-90		140v
67	Bern.	Reiland	Jülich	ornat.	21.12.1783	30	83-84		83-84		139v
68	Martin	Richter	Bonn	ornat.	19.01.1782	gratis	81-90				139v
69	Henr.	Schenk	Dorsten	ornat.	01.02.1787		86,87				141
70	Joan.Frid.Phil.	Schenk	Waldorf	ornat.	01.02.1787		86,87				141
71	Joan Jos.	Schmidt	Neheim	ornat.	14.12.1786		86-88				140v
72	Joh.Georg	Schmitz	Bonn								139
73	Ant.	Schneider	Mergentheim	ornat.	01.02.1787		86				141
74	Pet.	Schoock	Köln	ornat.	01.02.1787		85-91	85			140v
75	Pet.	Schuuck	Köln s.o.	ornat.	01.02.1787		86				141
76	Franc.	Servas	Düsseldorf	ornat.	02.06.1784		84-88		85-88		140
77	Eng.Ger.	Simons	Köln	ornat.	12.12.1785		85	85	85		140v
78	Engelb.	Speith	Oelde	ornat.	07.05.1787		87		87		141
79	Pet.Jos.	Spratten	Bonn	ornat.	13.12.1785		84-85		84-85		140
80	Casp.Mar.	Steinhauß	Bonn	ornat.	17.12.1783	30	83		83-84		139v
81	Laur.Mar.	Steinhauß	Bonn	ornat.	17.12.1783	30	83-84		83-86		139v
82	Franc.	Streck	Bingen	ornat.	04.02.1782		81				139v
83	Jo.Jos.	Thiel	Pohlbach	ornat.	12.12.1785		85-88	85	85-88		140v
84	Jo.Jos.	Trimborn	Bonn	ornat.	12.12.1785		85-89	85			140v
85	Joan Jos.	Trimborn	Bonn	ornat.	19.01.1782		81-86				139v
86	Fra.Ger.	Wegeler	Bonn	ornat.	18.12.1783	gratis	83-84		83-86		139v
87	Jos.	Weiler	Bedburg	ornat.	01.02.1787		86				141
88	Ant.	Wimmelsbach	Paderborn	ornat.	19.01.1782		81-83				139v
89	Franc.	Wollersheim	Jülich	ornat.	12.12.1785		85-88	85	85-88		140v
90	Joh.Adam	Wulle	Bonn								139
91	Fran.Jos.	Wyrott	Bonn				83-90				140
92	Jos.Theod.Xav.	Wyrott	Bonn				83,85				139
							83	**17**	**38**	**0**	

gratis	10
10	3
20 St.	1
30 St.	7
40 St.	0

Die ferneren sehe pag[ina] 226 [hier Seite 51 ff] nach errichteter Universität mit anderen zusammengesetzt.

Theologie

fol. 164 ff

#	Vorname	Namen	Heimath	Kateg.	Matrickel	Geld	Moral	Dogmat	Polem	SScript	Pastoral	fol.
1	P.	Abraham	Francisca.				83-85	84-86			84-86	166
2	Pet.Jos.	Adolffs	Wesseling	ornat.	02.01.1783	30	82	82		82		165v
3	Fr.	Adrianus	Werne, Cap.	relig.	14.12.1786			87		86-91		167v
4	P:	Ambrosius	Cap.					84		86		167
5	Ger.Casp.	Amecke	Büdderich	pra-enob.	14.12.1786		86	86	86	86-89	86-89	167v
6	P.	Anastasius	Francisca.				83					166
7	Frid.	Anthe	Hallenberg				81-83					165v
8	P.	Asterius	Aachen, Cap.	relig.	29.04.1787			87			87	168
9	Franz Xav.	Bacchem	Bonn				77	77				164
10	Bastian	Bast	Min.Conv.	relig.	13.12.1785			85				167
11	Bart.	Baum	Bonn				85-90	86-88		89	89	167
12	Joh.Jac.	Becker	Bonn	ornat.	16.02.1784		83-85	83-86		86	83-87	166
13	Joan Bapt.	Belserosky	Bonn	ornat.	22.01.1779	30	78	78				164v
14	Nicolaus	Benfeld	Bonn							83		166v
15		Benjamin	Düren, Cap.	relig.	13.12.1785			85		86-88		167
16	Joann	Best	Gelsdorf	ornat.	16.01.1782		81-84	81-84		83		165v
17	Casp.Jos.	Bigeleben	Arnsberg s.o.				81					165v
18	Fr.Eleu-ther.	Bill	Oberdiefen-bach, Franc.	relig.	14.12.1786						86-88	168
19	Joan	Bitter	Bonn	ornat.	14.12.1786		86-88	87-89		87-89	87-88	167v
20	Ferd.Jos.C.	Bodifé	Bonn	pra-enob.	18.12.1783		83	83-86				166
21	Joa.Wilh.	Breuer	Bonn	ornat.	13.12.1785		85-91	85-91		88-91	86-91	167
22	Pet.Jos.	Breuer	Bonn s.o.				81-83	81				165v
23	P.Isidor	Brewer	Min.Conv.	relig.			86-88	86			86	168
24	Laur.	Bruckman	Merschen				77	77		83,86		164
25	Carl Jos.	Calenberg	Ludendorf	ornat.	22.12.1781		81-85	82-85		82	83	165
26	Wil.Jos.	Calenberg	Lohndorf				84				84	167
27	P.	Cantius	Donskirchen, Cap.	relig.	29.04.1787					87		168
28	P.	Cassius	Ratheim, Cap.	relig.	13.12.1785					86	86	167v
29	C.	Causemann	Min.Conv.	relig.	13.12.1785		85-87	85-87			85-87	167
30	P.	Cherubinus	Köln, Cap.	relig.	10.12.1785						85-87	167v
31	Jo.Theod.	Colling	Vianden					84			84	167
32	Gaud.	Courtin	Bonn	ornat.	18.12.1783	10	83	83				166
33	Bart.	Crumbach	Bechlinghofen	ornat.	08.02.1779		78	78				164v
34	Constantin	Custodis	Gelsdorf	ornat.	27.12.1780		80-83	81-83		82		165
35	Joan Adam	Dahm	Bonn	ornat.	27.01.1779		78,8	78,8		82	83,84	164v
36	Casp.Car.	de Mastiaux	Bonn s.o.					86		82-87		165v
37	Max	de Mastiaux	Bonn							83		166v
38	Petr.	de Tribolet	Paderborn s.o.				82-84	83-85				165v
39	Frhr.	de Weichs	(Ephoebus)							86		168
40	Hilar.	Dhum	Bonn				81	81				165v
41	Max	Dobbeler	Bonn	ornat.	05.02.1782		81-83			82		165v
42	Simeon	Eberz	Francisca.		18.12.1784		84	84-86			84	166v
43	Norbert	Ecke	Bonn	ornat.	08.02.1782		81	81				165v
44	P.Justus	Everz	Francisca.							83		166v
45	P.	Fabianus	Cap.					83			84	166
46	P.	Fabianus	Linz, Cap.	relig.	27.01.1784			83				166
47	Jacob	Feuser	Prof. Infimae							83		166v
48	Pet.Jos.	Fey	Münstereifel	ornat.	24.08.1780	10	79-83	79-84				165
49	Engelbert	Floret	Werl				77					164
50	Pastor	Freusberg	St. Martin							83		166v
51	Pastor	Friedericus	Cap.				84			84		167
52	Pet.Jos.	Fuchsius	Mehring	ornat.	23.05.1787		87	87		87		168
53	F.Lutger	Gabler	Min.Conv.				78	77				164v
54	J.Henr.	Gareis	Bonn				77	77				164

#	Vorname	Namen	Heimath	Kateg.	Matrickel	Geld	Moral	Dogmat	Polem	SScript	Pastoral	fol.
55	Jacob	Giesem	Ahrweiler	ornat.	09.06.1781		81	81				165
56	Reiner	Gödderz	Rolandswerth	ornat.	13.06.1781		81	81				165
57	Jos.Henr.	Gottschalk	Bonn	ornat.	28.01.1779	30	77,78	77,78				164
58	Jo.Nep.	Graff	Bonn	ornat.	18.12.1784		84-87	84-88		88	83	166v
59	Joh.Lothar	Guinbert	Brühl	ornat.	16.12.1780	10	80-82	80-82				165
60	P.Clemetin.	Guther	Min.Conv.							83-85		166v
61	J.Pet.	Hamm	Hohenkeppel	ornat.	11.12.1781		81	81				165
62	Joh.Georg	Hamm	Hohenkeppel	ornat.	16.12.1780		80-82	80-82				165
63	Fr.Her-molaus	Hansman	Min.Conv.					84-86		90		167
64	Joan Jos.	Hauptman	Oberdrees		27.01.1779		77,78	77,78				164
65	Prof.	Hauser	Bonn							86-88		168
66	P.	Heraclius	Cap.					83			84	166v
67	P.	Heraclius	Jülich, Cap.	relig.	27.01.1784			83				166
68	P. Dissib.	Hermannus	Hochheim, Francisc.	relig.	01.02.1787							168
69		Hermannus	Cap.	relig.	13.12.1785			85-87			86	167
70	Jos.Henr.	Heße	Brilon	ornat.	28.01.1779	gratis	78-85	78-86		86,87	86	164v
71	P.Gallus	Hesselbach	Min.Conv.				83	83		83	83-86	166
72	Fr.Herm.	Hillebrand	Richlinghausen	ornat.	06.01.1782		81					165
73	Fran.	Hillebrand	Berghausen	ornat.	16.12.1781		81-83					165
74	Jac.	Hirschman	Bonn	ornat.	22.01.1779		78	78				164v
75	Joh.Jos.	Hohenschurz	Kessenich	ornat.	30.12.1780		80-83	80-82		82-84		165
76	Franc.	Holthof	Bonn s.o.							82		165v
77	F.Aloys	Holtz	Min.Conv.					77,78				164v
78	Henr.	Honecker	Mesdorf	ornat.	02.01.1781		80-82	80-82				165
79	J.Wilh.	Honecker	Mesdorf	ornat.	18.12.1784		84-86	84			85	166v
80	Petr.	Honnerbach	Prof. Secundae							83		166v
81	Aloys P.W.	Hungs	Aachen	ornat.	25.01.1779		78	78				164v
82	P.	Innocentius	Beggendorf, Cap.	relig.	10.12.1785			87	85			167v
83		Innocentius	Cap., s.u.	relig.	13.12.1785			85				167
84		Iven					77					164
85	Joseph	Jansen	Beuel				77	77				164
86	Reiner	Joachim	Köln	ornat.	30.01.1781	30	81					165
87	Joh.Barth.	Kettels	Wilzen (Lu-xemb.)	ornat.	12.12.1780	gratis	80-82	80-82				165
88	P.Ansel.	Kircherten	Min.Conv.				82					165v
89	Theod.	Klein	Rheinbach	ornat.	14.12.1786		86-88	86				168
90		Koch					77					164
91	Wilhelm	Kramer	Osnabrück	ornat.	14.12.1786		86	86				167v
92	Anton	Kräuser	Gimmersdorf	ornat.	01.02.1779		78	78				164v
93	Jos.Henr.	Krengel	Bonn	ornat.	06.03.1779	gratis	78	78				164v
94	Pet.Jos.	Kronenberg	Siegen	ornat.	14.12.1786			86		86		168
95	P. Au-xentius	Krupp	Min.Conv.	vener.		gratis	78,79,81	78,79,81				164v
96	Dorotheus	Kuchem	Min.Conv.		18.12.1784		84	84-86		86-88		166v
97	Otto	Küpper	Kessenich s.o.				81-86					165v
98	Joann	Kyll	Bonn	ornat.	12.02.1779	30	77,78	78				164
99	P.Ans.	Laas	Francisca.							83-85		166v
100	Joan Godfr.	Lampel	Lövenich	ornat.	08.02.1779		78,79	78,79				164v
101	Max Hub.	Lenne	Bonn	ornat.	13.12.1785		85	85				167v
102	Marius	Lidtauer	Francisca.	relig.	13.12.1785		86	85-87			87	167
103	Joan Theod.	Limmerz	Königswinter	ornat.	29.01.1779		78,79	78,79				164v
104	P.	Lotharius	Aachen, Cap.	relig.	27.01.1784			83		83		166
105	P.	Lotharius	Cap.							83-85		166v
106	Georg	Luber	Francisca.	relig.	13.12.1785		86	85-87				167
107		Mahlberg					77	77				164
108	P.Egbert	Marquering	Min.Conv.				77,79	79				164v
109	Joan Pet.	Mäurer	Königswinter	ornat.	27.01.1779		78,79	78,79				164v
110	P.	Maximilianus	Cap.							83-85		166v
111	P.	Maximilianus	Düren, Cap.	relig.	27.01.1784			83		83		166
112		Mehlem					77					164

#	Vorname	Namen	Heimath	Kateg.	Matrickel	Geld	Moral	Dogmat	Polem	SScript	Pastoral	fol.
113	Michael	Meyer	Leutesdorf	ornat.	30.01.1779	30	77,78	77,78				164
114	Carol. Jac.	Minola	Linz	ornat.	14.12.1786					86-88	86-88	167v
115	Cass.	Moll	Servita				83				83	166
116	P.Albert	Momm	Neuss, Fran-cisc.	relig.	14.12.1786							168
117	F.Petr.	Müller	Andernach, Fransisc.	relig.	14.12.1786			86			86	167v
118	Vicar.	Müller	Godesberg							83		166v
119	P.	Narcissus	Udem, Cap.	relig.	13.12.1785						85	167v
120	Jo.Jos.	Nelles	Bonn								83	166
121	Cosmas	Nettekoven	Servita								83	166v
122	P.	Nicodemus	Aachen, Cap.	relig.	14.12.1786			86	86		86	167v
123		Nucker	Bergheim					77				164v
124	Herm.Jos.	Oberdörfer	Neunkirchen				84	84			84-86	167
125	F.Udalr.	Odenkirchen	Min.Conv.				82	82-85		82-87		165v
126	Frid.Georg	Pape	Bracht s.o.				81					165v
127	Joseph	Pauli	Kaldenreifer-scheid	ornat.	07.05.1781		81-83	82		82		165
128	Wilh.	Pfeiffer	Siegen, s.o.									168
129	Pet.Jos.	Plenz	Bonn	ornat.	18.11.1781		82-84	82-84		82-84	83-85	165
130	P.	Pontianus	Allendorf, Cap.	relig.	01.02.1787			86-88		87	86	168
131	Francisc.	Pranghe	Brilon	ornat.	14.12.1786		86-88	86				168
132	P.	reinardus	Altenkirchen, Cap.	relig.	13.12.1785						85	167v
133	F.	Rheinhardus	Francisca.					83-85			84	166
134	Adolph	Rhiem	Kühlseggen	ornat.	12.12.1780		80	80				165
135	Pet.	Riegel	Muffendorf	ornat.	18.11.1781	gratis	81-84	81-84		82	83	165
136	Herm.Ant.	Roié	Essen	ornat.	13.12.1785		85	85	85			167v
137	Pet.Jos.	Rolshoven	Moursdorf								83	166v
138	Bern.Jos.	Roth	Bonn	ornat.	16.12.1780		80-82					165
139	Hubert	Sarter	Servita				83				83	166
140	Henr.	Saur	Siegburg				77					164
141	Just.Ma-rian.	Saur	Siegburg s.o.				82-84	82-84		82		165v
142	Joan Bapt.	Schaerre	Esch	ornat.	12.11.1779	gratis	79-83	79-84		82	83	165
143	P.Cast.	Schallmeyer	Min.Conv.	relig.						86-88		168
144	F.Justin	Schalmeyer	Min.Conv.	relig.		gratis	78,79	78,79				164v
145	Henr.	Schlüter					77					164
146	Bernard	Schmidt	Pedell acad.				77	77				164
147	P.Placidus	Schmitter	Abt	relig.	01.02.1787		86			86		168
148	Carl.Jos.	Schmitz	Prof. Syntaxeos							83		166v
149	Herm.Jos.	Schmitz	Gelsdorf	ornat.	10.12.1785		85	85				167v
150	Joseph	Schmitz	Bonn	ornat.	30.01.1779	30	77,78	77,78				164
151	P. Cyrill	Schmitz	Min.Conv.					77,78,79				164v
152		Schmitz					77					164
153	Simon	Schnitzler	Brühl	ornat.	25.01.1779	30	77,78	77,78				164
154	P.Mansuet.	Schröder	Min.Conv.				81	81-83		86		165v
155		Schulten					77					164
156	Const.	Schumacher	Servita				83				83	166
157	F.	Seraphinus	Francisca.					83-85			84	166
158	Henr.Jos.	Sethe	Bonn	ornat.	29.01.1779	30	78,79	78,79,80		83,87	84	164v
159	Cunib.	Siberz	Servita				83				83	166
160	Jo.	Sommer	Kirchhundem	ornat.	27.01.1785		85	85				166v
161		Sontag					77					164v
162	Pet.	Spratten	Bonn			10	83	83		83		166
163	Pet.Jos.	Spratten	Bonn	ornat.	16.02.1784		83	83		83		166
164	Steph.	Todemann	Sommersberg				84-86					167
165	P.Fructuos.	Ulrich	Min.Conv.				81	81-83		82		165v
166	P.Natha-nael	van Cooth	Min.Conv.				82-84					165v
167	Wilh.Henr.	Vischer	Kalkar	ornat.	13.12.1785			85		86		167v
168	Caspar	Vithens	Obermendig	nobil.	18.12.1784		84	84			84	166v
169	Joan	Weber	Neustadt	ornat.	15.05.1787							168

#	Vorname	Namen	Heimath	Kateg.	Matrickel	Geld	Moral	Dogmat	Polem	SScript	Pastoral	fol.
170	J.Jos.	Webers	Brilon	pra- enob.	14.12.1786		86-88	86-88				167v
171		Wendelinus	Köln, Cap.	relig.	13.12.1785			85				167
172	F.Wigbert	Wollersheim	Min.Conv.				82	82-85		82-85		165v
173	Pet.Jos.	Wolter	Bonn	ornat.	13.12.1785		85					167v
174	Andr.	Zartman	Bonn	ornat.	14.12.1786		86-88	86-88				167v
		aus Bonn:31					**116**	**114**	**4**	**61**	**46**	
		in v.H.18%										

Kategorie:

nobil.	1
ornat.	62
praenob.	3
religios.	30

Die ferneren sehe pag[ina] 226 [hier Seite 51 ff] nach errichteter Universität mit anderen zusammengesetzt.

Rechte

fol. 204 ff

#	Vorname	Namen	Heimath	Kateg.	Geld	Matrik.	Inst.	Pand.	Peinl.	Lehen	Geistl. (öffentl.)	Kirch-Ge.	Staats	Gesch.	Prackt.Natur	fol
1	0	Abshoven	Bonn	0		0						83				219
2	Pet.Jos.	Adolffs	Wesseling	0		0										216
3	Adam	Aldenhoven	Ahrweiler	ornat.		28.01.1784	83	83-88	85	84-88	85					218
4	P.	Ambrosius	Cap.	0		0					83,85					220
5	P.	Ambrosius	Köln, Cap.	relig.		27.01.1784					83-86					217
6	Henr.Jos.	Ameque	Menden	ornat.		28.11.1779	79	80								209
7	Frid.	Anthe	Hallenberg	ornat.	gratis	10.12.1781	81	82			82					213
8	Ant.Wilh.	Arndts	Arnsberg	ornat.	30	13.01.1783	82-84	82-84			82-84					216
9	Christ.Jos.	Arndts	Arnsberg	ornat.	30	13.01.1783	82-84	82-84			82-84					216
10	Ferd.Jos.	Arndts	Arnsberg	0		0	77	77	77	77				77	77	204
11	Theod.	Arndts	Arnsberg	ornat.	30	12.12.1780	80	80-82	81							211
12	Joh.	Auding	Bonn	ornat.	gratis	22.01.1779	77-80				77-79			80	77	204
13	Pet.Jos.	Averdonck	Bonn	ornat.		10.01.1780	79-81		80-82							210
14	Severin	Averdonk	Bonn	ornat.		10.12.1785	85									222
15	Franz Xav.	Bachem	Bonn	praenob.	60	22.01.1779	77	78			77-81		79-81			204
16	Car.Aloys	Baechem	Bonn	praenob.		09.12.1779	79	81								210
17	Peter	Balve	Attendorn	0		0			77	78	77			80		204
18	Barth.	Baum	Bonn	ornat.		10.12.1785	85				88-90					222
19	Barth.Jos.	Baum	Andernach	ornat.	30	25.01.1781	80	80	80							211
20	Clemens	Baur	Bonn	ornat.		15.02.1780	79-81		80-83							210
21	Jo.Ja.	Becker	Bonn	0		0					85-87	85				224
22	Joann Bapt.	Belsersosky	Bonn	0		0	79-81	80								210
23	Casp.	Bender	Siegburg	ornat.		03.12.1779	79									209
24	Nic.	Bendfeld	Bonn	0		0						83				219
25	Henr.	Bergershausen	Kochenheim	ornat.	30	14.12.1780	80-82	81								211
26	Adolph	Berghaus	Essen	ornat.		18.12.1784	84-86	84			85					220
27	Pet.	Bertram	Köln	ornat.	30	04.12.1782	82	82			82-84		82			215
28	Joan	Best	Gelsdorf s.o.	ornat.	renov.	0										214
29	Joan Henr.	Beull	Attendorn	ornat.		08.01.1780	79-82									209
30	Fra.Jos.	Biesten	Essen	praenob.		01.12.1779	79	79								209
31	Casp.Jos.	Bigeleben	Arnsberg	praenob.sol.		16.12.1781	81	82			82		81			214
32	Joan	Bitter	Bonn	ornat.		10.12.1785	85				86					222
33	Herm.Jos.	Bodifé	Bonn	ornat.		10.12.1785	86	86-90			86-90		88			223
34	Fran.Anton	Boelman	Waltrup	praenob.	60	28.01.1779	78	80			80			77		204
35	Anton	Boese	Ersborn	ornat.	30	28.01.1779	78	77	78	77				80		204
36	J.Bapt.	Bonzel	Drolshagen	ornat.		10.12.1785	85		85		85					223

#	Vorname	Namen	Heimath	Kateg.	Geld	Matrik.	Inst.	Pand.	Peinl.	Lehen	Geistl.	(öffentl.) Kirch-Ge.	StaatsGesch.	Prackt.Natur	fol
37	Jos.	Bornheim	Buchholz	ornat.		10.12.1785		85-91		85-87					223
38	F.	Böttinger	Köln	ornat.		21.11.1783		83		83				83	217
39	Jac.Frid.	Bouget	Odenkirchen	praenob.	60	11.03.1783	82-84	82-84	83	82-84					216
40	Werner	Bracht	Richlinghausen	praenob.	60	28.01.1779	78	79-81	80						208
41	Joan Henr.	Braschos	Eschmar	ornat.	30	27.01.1779	78-80	79							208
42	Wilh.	Breuer	Bonn	0		0		85							223
43	Pet.Jos.	Brewer	Bonn	ornat.	renov.	15.06.1781	81	82-86	85	86	85				212
44	Joh.Henr.	Brill	Bilstein	ornat		14.12.1786		86		86					225
45	Herm.Jos.	Brocke	Olpe	0		0		77	77		77		77		204
46	Joa.Laur.	Bruckman	merschen	0		0		81-84	84-86		81-85	83-85			214
47	Bern.	Brummel	Ritberg	ornat.	30	03.05.1783		83		83	83				216
48	Mich.	Brüning	Arnsberg	ornat		14.12.1786	86	86-89	88	88	88				225
49	Henr.	Brunner	Siegburg	0		0			83	83					219
50	Herm.Jos.	Bucholz	Dorsten	ornat.		05.05.1784	84,86	85	84,86	84					218
51	Peter	Busch	Wissen	0		0			77	77					204
52	Carl Jos.	Calenberg	Ludendorf	ornat.	renov.	22.12.1781	81,84	82-84	82	83	82-84				214
53	Wilh.Jos.	Calenberg	Ludendorf	ornat.		28.01.1779	80,84	80,83							208
54	Henr.	Cartenstatt	Tongern	ornat.		06.02.1783		82		82					216
55	P.	Cherubinus	Köln, Cap.	relig.		10.12.1785					85	85			224
56	P.	Chrysologus	Köln, Cap.	relig.		27.01.1784					83				218
57	Corn.Ant.	Claeßen	Keyenberg	ornat.		28.01.1779									208
58	Arnold	Closterman	Gladbeck	ornat.		30.11.1779		79-81	79-81						209
59	Jos.	Clouth	Breitbach	ornat.		04.01.1784	83-85	84		84					217
60	Joseph	Clouth	Breitbach	0		0	83-85			84					218
61	Joh. Theod.	Colling	Vianden, Luxemburg	praenob.		04.07.1784			83-85						218
62	Joh.Theod.	Colling	Vianden, s.o.	praenob.		04.07.1784									220
63	Clem.	Corek	Lenhausen	ornat.	gratis	18.12.1781	81-83	82-85	83	83	81-85	81-85			214
64	Gaudent.	Courtin	Bonn	0		0		83							218
65	Barth.	Crumbach	Bechem	0		0		77	77		77		79	78	204
66	Constantin	Custodis	Gelsdorf	ornat.		27.12.1780	80-82	81-83							211
67	Wilh.Ferd. Jac.	Custodis	Gelsdorf	ornat.		27.01.1779	78-80	78-80	79						208
68	Joh.Adam	Dahm	Bonn	ornat.		0	80-84	81-84							211
69	Fra.Jos.	Daniels	Linnich	ornat.		14.12.1786	86	87		86					224
70	P.Clodovaeus	Daniels	Min.Conv.	venerab.		0									207
71	Wilh.Ant.	Daniels	Linnich	nobil.		18.12.1784	84	86			86				220
72	Jos.	Dänzer	Bonn	ornat.	gratis	06.02.1783		82		82					216
73	Joan Jac.	Dardenne	Bonn	ornat.		17.04.1784	84								218
74	Frhr.	de Bourscheid	(Ephoebus)	0		0			83	84-87	84-87				218

#	Vorname	Namen	Heimath	Kateg.	Geld	Matrik.	Inst.	Pand.	Peinl.	Lehen	Geistl. (öffentl.)	Kirch-Ge.	StaatsGesch.	Prackt.Natur	fol
75	Fra.Jac.	de Breuning	Mergentheim	nobilis		19.11.1783	83-85	84			83-88	84	83		217
76	Pet.Jos.	de Castro	Bonn	ornat.	30	22.01.1779	78-80	79							207
77	Carolus	de Gruben	Bonn	praenob.		04.01.1780	79	79-82	81						209
78	Ignat.	de Gruben	Bonn	praenob.		04.01.1780	79	79-82	81						209
79	Frhr.	de Keverberg	(Ephoebus)	0		0	84	85-87			85				221
80	Clem.Frhr.	de Kleist	Rath	0		0		77	77						205
81	Joan F.	de la Hamaide	Luxemburg	ornat.		19.04.1784	84				84-86	85	85		218
82	Joan Fr.	de la Hamaide	Hachy, Lux.	0		0		84-86			84-86	85	85		221
83	P.Aloys	de la Roque	Köln	ornat.		10.12.1785	85	85			85				223
84	Frhr.	de Lamberts	Limburg	illustr. generos.		14.12.1786	87								225
85	Frhr.	de Ledebur	Oestinghausen	illustris. generosus		14.12.1786		86-88			87				225
86	Cle.Aug.Frhr.	de Leerod		0		0			83		83	83			216
87	Clem.Jos.Frhr.	de Lohausen	Kalkum	0		0		77	77						205
88	Frhr.	de Lombeck	Lüftelberg	0		0		80-82	82						215
89	Jos.Frhr.	de Lombeck	Goudenau	praenob.		18.12.1784	85-89				86-88	85			220
90	Max Fridr.Frhr	de Lombeck	Goudenau	praenob.		18.12.1784	85-89				86	85			220
91	0	de l'Ombre	Bonn	0		0								83	219
92	Casp.Ant. Ritter	de Mastiaux	Bonn	perilustr. generos. renov.		15.11.1781	80-84		84-91		81-87				213
93	Casp.Ant.(?) Ritter	de Mastiaux	Bonn	perilustr. generos. renov.		15.11.1781	81-86		84-88		81-87	83			213
94	Max Frhr.	de Mastiaux	Bonn	perilustr. generos. renov.		15.11.1780	80-82	80-84	83	80-84	80-83				214
95	Max Jos.Ritter	de Mastiaux	Bonn	perilustr. strenuus		10.12.1785	85-87	87-91							222
96	Dam.H.Xav.	de Meeß	Ehrenbreitstein	praenob.		26.11.1779	79-82	81							208
97	Clem.Frid.	de Mering	Andernach	0		0			77						206
98	Frid.Wilh.Joh.	de Paula	Erkelenz	nobilis	gratis	07.12.1780	80-82	81-83	82						210
99	Aug. Graf	de Plattenberg	Hoffstadt	perilustr. generosus		14.12.1786	87								225
100	Paul Jos.	de Pröpper	Hülchrath, Burg	nobilis	1 fl.	04.12.1782	82-84				82-84				215
101	Augustin	de Raesfeldt	Dorsten	ornat.		05.05.1781	80-82				81	81			212
102	Frhr.	de Reigersberg	Würzburg	0		0	85							85	223
103	Max Frhr.	de Rolshausen	Thürnich	0		0	80-82	81-84	83	82-84	80-84				212
104	Clem.Frhr.	de Schall	Morenhoven	0		0		77	77						206
105	Mart.	de Schildgen	Osnabrück	nobilis	sol.	11.12.1781	81	82			81-83	82			213
106	N.	de Scirp	Werden	nobilis		10.12.1785									223
107	J.Frhr.	de Solemacher	Koblenz	nobilis		14.12.1786	87				87				225

#	Vorname	Namen	Heimath	Kateg.	Geld	Matrik.	Inst.	Pand.	Peinl.	Lehen	Geistl.	(öffentl.)	Kirch-Ge.	Staats-Gesch.	Prackt.Na-tur	fol
108	Jos.Cle.Fr hr.	de Solemacher	Koblenz	peril-lustr. generos.	60	19.11.1781	81-83	82			81-83						213
109	Henr.Hub.	de Stockhausen	Ueckerath	nobilis	60	29.01.1779	77	77-80	79	79							206
110	Fri-der.Christ.	de Thiere	Haselünne	ornat.	30	10.01.1779	77	77	77	77							206
111	Pet.	de Tribolet	Bonn	praenob.gratis		26.02.1782	81-84				81-85	83					214
112	Petrus	de Tribolet	Paderborn	0		0					82						216
113	Clem.Aug.	de Vagedes	Bonn	praenob.	60	26.01.1779											208
114	Car.Frhr.	de Veider	Malberg	illustris generos.		10.12.1785	85	86			86						222
115	Em.Frhr.	de Warsberg	Trier	illustris.		02.03.1788					85						224
116	Frhr.	de Warsberg	Trier	0		0					85						224
117	Fra.Phil.Fr hr.	de Weichs	Wenne	peril-lustr.		08.03.1780	79	79									210
118	Frhr.	de Weichs	(Ephoebus)	0		0			84	85-87	85-87	85					221
119	Frhr.	de Wydenbruck	(Ephoebus)	0		0						83					219
120	Barthol.	Decker	Meckenheim	ornat.		10.12.1785	85	86-91			86						222
121	J.Mart.	Degenhard	Bonn	ornat.		10.12.1785-87	85-87	87-91			88-91						222
122	F.Carl	Derkum	Adendorf, Burg	nobilis	sol.	11.12.1781	81	81			81						213
123	C.A.	Deustee	Kochenheim	ornat.		10.12.1785-87	85-87	86-91	88-90	88-90	87-91						223
124	Hilar.	Dhum	Bonn	0		0	83										219
125	Jos.Ferd.	Diericke	Bonn	ornat.		03.02.1779	77-80		79	77-80	77-79		77				204
126	Max Rud.	Diericke	Bonn	ornat.	30	31.01.1779	77-87	79-82	79	79			77-80	78			204
127	Fran.Xav.	Dingerkus	Attendorn	ornat.		13.12.1779	79	79									209
128	Ferd.Jos.	Dittgen	Kempen	ornat.		16.02.1784	83-85		83		83-85						218
129	Max	Dobbeler	Bonn	ornat.	renov. 2	05.02.1782	81-83	82-88	84-86	85	82-86	82-86					214
130	Vicarius	Dobbeler	Bonn	0		0					83	83	83				219
131	Paul	Dreesen	Cronenburg	ornat.	30	29.01.1779	77	77-79			77-81			77	78		204
132	Carl	Ebole	Bonn	0		0			77		77-81		79-81	83			204
133	Ferd.Matth.	Ebole	Bonn	ornat.	30	03.02.1779											204
134	Norb.	Ecke	Bonn	ornat.	renov. 2	08.02.1782	81										214
135	0	Eich[h]of[f]	Bonn	0		0											211
136	Frid.	Eicke	Recklinghausen	0		0			77	77							204
137	Pet.Jos.	Eilander	Bonn	ornat.		10.12.1785-87	85-87	86-91			86-89						222
138	Fr.Jos.	Eilerz	Eiserfey	ornat		18.12.1784	85				85						221
139	Peter	Engelhard	Olpe	0		0			77		78			77	78		204
140	C.Salent.	Eschbaum	Brühl	ornat.		18.11.1783	83										217
141	N.	Facius	Bonn	0		0						83					219
142	Const.	Fechmer	Ahrweiler	ornat		18.12.1784	85-88				85-88						221
143	Pet.Jos.	Fey	Münstereifel	ornat.		24.08.1780											210
144	Maur.Ferd.	Fischenich	Bonn	ornat.		10.02.1780	79-81	79-81									210
145	Engelb.	Floret	Werth	praenob.	60	15.01.1779	77	78			77-79						204
146	Casp.	Fonson	Bonn	ornat.	30	28.11.1781	81-83	82-85	83								213

#	Vorname	Namen	Heimath	Kateg.	Geld	Matrik.	Inst.	Pand.	Peinl.	Lehen	Geistl.	(öffentl.) Kirch-Ge.	Staats Gesch.	Prackt.	Na-tur	fol
147	Franc.	Forst	Stolberg	ornat		14.12.1786	86									225
148	P.	Frdericus	Deutz, s.o.	0		0					83	83				219
149	Adolph	Freusberg	Bilstein	ornat.		13.12.1779	79-81	80								209
150	Casp.	Freusberg	Bilstein	ornat.		13.12.1779	79-81	80								209
151	Joh.Aloys J.	Frickartz	Neuwied	praenob.		13.03.1779	77							78		204
152	P.	Fridericus	Deutz, Cap.	relig.		27.01.1784					83-85					217
153	Andr.	Fuchs	Bonn	ornat.	30	31.01.1779	77-79	77	77							205
154	0	Funke	Drolshagen	0		0			85							223
155	Fra.Jos.	Funke	Olpe	ornat.	30	13.01.1783	82	82-84	83		83					216
156	F.Lutg.	Gabler	Min.Conv.	religios.		0										207
157	Joan Wilh.	Gamen	Hönningen	ornat		14.12.1786	86				86					225
158	Frid.	Geibman	Recklinghausen	0		0		77	77							205
159	Wilh.Jos.	Genger	Königswinter	ornat.		10.12.1785	85-87	86-90	88	88	86-88	88				222
160	Fridr.Mich.	Germetten	Arnsberg	0		0		77		77						205
161	A.Jos.	Giesen	Kornelimünster	ornat.	sol.	11.12.1781		81			81	81				213
162	Jacob	Giesen	Ahrweiler	0		0					81					214
163	F.Mich.	Gödderz	Sinzig	ornat.		10.12.1785	85-87	86			86					223
164	Rein.	Gödderz	Rolandswerth	0		0		81			81					215
165	Ferd.	Goebel	Rheinberg	praenob.		14.12.1786	86-88	88								225
166	Phil.	Gotsleben	Hildesheim	praenob.		14.12.1786	86	87								225
167	Joan Henr.	Gottschalk	Bonn	0		0	80									210
168	Joan Nepo.	Graff	Bonn	ornat.		18.12.1784	84-86	85			85-87					220
169	Joan Lothar	Guinbert	Brühl	ornat.		16.12.1780	81	83								211
170	Joh.Franz	Guisez	Bonn	ornat.	30	30.01.1779	77	78-81	80	79						205
171	P.Clementinus	Guther	Min.Conv.	0		0			83		83-85		83			218
172	Casim.	Hallmann	Eslohe	ornat.	gratis	15.01.1779	77	77-80	79	79						205
173	Theod.	Halm	Siegburg	ornat.	sol.	09.04.1782										214
174	H.	Hamecher	Eiserfey	praenob.		23.11.1783	84	83-87	84	85	84					217
175	Joan Georg	Hamm	Hohenkeppel	ornat.	10	16.12.1780	80-82	81								211
176	Joan Pet.Jos.	Hamm	Hohenkeppel	ornat.	re-nov.	11.12.1781	81									213
177	Hermol.	Hansmann	Min.Conv.	0		0			84	88	85-90		85			222
178	Fran.Ant.	Harnischmacher	Drolshagen	0		0			77							205
179	Ferd.Fra.Eng.	Hauptmann	Oberdrees	ornat.		14.12.1786	86-89	88	88		86-88	88				224
180	Prof.	Hauser	Bonn	0		0										211
181	Carl D.	Helm	Montabaur	ornat.	sol.	11.12.1781	81				81	81				213
182	Fran.Henr.	Hemmerling	Münster	ornat.		18.12.1784	84	85-87			86		84			220
183	Theod.	Henkel	Werl	ornat.		28.11.1779	79-81	80								208
184	Joan	henr.	Werner	ornat.		20.01.1779	Bonn	78	83-90	83						207
185	Ropert	Hermans	Herken(?)	ornat.		06.02.1783	82				82					216

#	Vorname	Namen	Heimath	Kateg.	Geld	Matrik.	Inst.	Pand.	Peinl.	Lehen	Geistl.	(öffentl.)	Kirch-Ge.	Staats-Gesch.	Prackt.	Natur	fol
186	C.Jos.	Herresdorf	Ahrweiler	ornat.	30	02.12.1782	82-85	83		83							215
187	Quir.Jos.	Hertzigh	Neuss	ornat.		10.04.1779											208
188	Jos.	Heße	Brilon	0		0					80-82						212
189	Ant.	Hild	Olbrück	ornat.		30.11.1783	83	84-87	85	85	84,86	85			83,85		217
190	N.	Hille	0	0		0							83				219
191	F.Ferd.	Hillebrand	Gesecke	0		0			84	83							219
192	Fra.Herm.	Hillebrand	Richlinghausen	ornat.	re-nov.	06.01.1782	81-83	82-87	83-86	83,85	82-87	82-84					214
193	Frau,Ferd.	Hillebrand	Gesecke	ornat.		14.11.1783	83	84-88	85	85	83-87	84,86					217
194	Joa.Fra.	Hillebrand	Berghausen	ornat.	sol.	16.12.1781	81	82-87		83-86	82-87						214
195	Casp.Wilh.	Hillenkamp	Geseke	ornat.	sol.	08.02.1782	81-83	81-83		81-83	81						214
196	J.Herib.	Hoch	Eschweiler	ornat.		15.01.1784	83-85			83-85	83						217
197	Prof.Marcell.	Hoetman	Bonn	0		0							83				219
198	Joh.Jos.	Hohenschurz	Freßenich	ornat.		30.12.1780	82-89										211
199	Ferd.	Hohof	Oestinghausen	ornat.		17.11.1783	83	84-86	85	85	84-86	84					217
200	Fra.Jos.	Holthof	Bonn	praenob.	20	06.12.1782	82	83-87	84-86	85	82-86	82-86					215
201	F.Aloys	Holtz	Min.Conv.	religios.		0											207
202	Joa.Henr.	Honecker	Mesdorf	0		0					81,83						215
203	Wilh.	Honecker	Mesdorf	ornat		18.12.1784	84				85-88						221
204	Prof.	Honnerbach	0	0		0					80						212
205	Adolph	Hoynck	Körbecke	0		0			77								205
206	F.Bern.	Hoynck	Bracht	ornat.	sol.	10.12.1781	81-83	82,85	85	85	82	82					213
207	Frid.Bern.	Hoynck		0		0											215
208	Theod.	Hoynck	Vasbach	ornat.		13.12.1779	79-81	80									209
209	Joseph	Humperdingk	Dorsten	ornat.	30	02.03.1779	77-79	77-80		77-80							205
210	Joan Pet.Jos.	Hungs	Aachen	ornat.	30	28.01.1779	78-80										208
211	Caspar	Hüser	Arnsberg	ornat		14.12.1786	86	87-89	88	87-89	88				88		225
212	Henr.Jos.	Huttanus	Reifferscheid	praenob.	60	01.12.1780	80	80									210
213	Joan Matth.	Hüttenes	Osterath	ornat.		29.01.1780	79	79									210
214	Anton	Huybens	Köln	ornat.		13.12.1779	79										209
215	P.	Innocentius	Beggendorf, Cap.	relig.		10.12.1785					85						224
216	Arnold	Ipp	Bonn	ornat.	gra-tis	15.01.1779	77-79										205
217	Adam	Isaac	Bonn	ornat.		22.01.1779	78-80	79-84	82-84								207
218	Ferd.	Iskenius	Werl	ornat.	30	06.12.1781	81-83	82		81-83	82						213
219	Prof.	Jaeger	0	0		0			81-86	82-86	83-86	80-84					212
220	S.Th.Bern.	Jansen	Rees	praenob.	60	12.11.1781	81	82-84		83	82-84	82-84					213
221	W.F.	Jansen	Beuel	ornat.		22.01.1779	79										207

#	Vorname	Namen	Heimath	Kateg.	Geld	Matrik.	Inst.	Pand.	Peinl.	Lehen	Geistl.	(öffentl.) Ge.	Kirch-Staats Gesch.	Prackt.Na-tur	fol
222	Wilh.Jos.	Jansen	Beuel	ornat.		22.01.1779	79								207
223	Pet.	Jesse	Westerncotten	ornat		14.12.1786	87-89			87-89					225
224	Reiner	Joachim	Köln	ornat.		30.01.1781									211
225	Joh.Win.Pet.	Jugers	Zülpich	0		0	77								205
226	Joh.Bern.	Jungeblod	Dorsten	0		0	77		77						205
227	Godefr.	Jungeblodt	Dorsten	praenob.	60	14.12.1780-84	81-83	82							211
228	M.F.	Jungeblodt	Dorsten	praenob.		23.11.1783	83-85	84,86			86	84			217
229	J.Ant.	Kaukol	Bonn	ornat.		10.12.1785									223
230	Jos.	Kersenbrock	Richlinghausen	ornat.		24.11.783	83	84			84	84			217
231	Joan Barth.	Kettels	Wilzen	ornat.	gratis	12.12.1780	81								211
232	Cristoph	Kindts	Schönecken	nobil.		18.12.1784	84,86								220
233	Max Fridr.	Kirchen	Köln	ornat.	30	29.01.1779	77-86	79	77-80						205
234	Jacob	Klemmer	Bonn	0		0						83			219
235	Pet.Jos.	Kley	Brühl	ornat.		13.11.1783	83	83,85	83.85	84-86	84			83	217
236	Prof.	Klinkenberg	0	0		0					80				212
237	Johan	Klug	Bonn	0		0	77								205
238	Werner	Knipschild	Medebach	ornat.		10.04.1779	79-82								208
239	Ant.Car.	Koch	Vilich	ornat.		10.12.1785	86-91	88-90	88	86-91					222
240	Frid.	Koch	Bonn	ornat.		22.04.1779									208
241	N.	Koch		0		0					83				216
242	Henr.Bona v.	Kocks	Bonn	ornat.		30.01.1780	79-81	80-86	82-84						210
243	Willibrord	Köller	Adenau	praenob.	1 fl.	04.12.1782	82-85		83	82-85	82-84				215
244	Casp.Ludwig	Kolvenbach	Liedberg	praenob.	60	30.01.1779	77	77-80	79	79	77-79	77	78		204
245	Matth.	Konen	Pleismühl	praenob.		14.12.1786	86-89	88	88	87					224
246	P.Wilh.	Königstein	Min.Conv.	0		0	81			81					215
247	J.Adam	Kracht	Bonn	ornat.		10.12.1785-87	87-89			87-89					222
248	Ger.Ant.	Krahe	Friesheim	ornat.		10.12.1785-87	86-89								222
249	Henr.Jos.	Kramer	Köln	ornat.		10.12.1785	85-87		85	86					224
250	Nicol.	Krauß	Rhens	ornat		14.12.1786	86-88			86-88					225
251	Jac.	Krewinkel	Blumenthal	ornat.	sol.	07.01.1782			81	81	81				214
252	Fran.	Krüper	Brilon	ornat.	30	17.11.1782	82	83		82-84					215
253	P.Aux.	Krupp	Min.Conv.	0		0				81					215
254	Doroth.	Kuchem	Min.Conv.	0		0			85		85	85			222
255	Jos.Mart.	Kunders	Potsdam	0		0	81				81				215
256	Carl Otto	Küpper	Bonn	ornat.	renov.	18.11.1781	81-83	82-91		83-88	85				213
257	Joh.Casp.	Küpper	Bonn	ornat.	30	29.01.1779	77-85	79,84	77-80						204
258	P.Anselm	Laas	Francisc.	0		0				83-87					220
259	Pet.Jos.	LaCroix	Hülchrath	praenob.		29.11.1779	79	79-81	80						209
260	Godfrid	Lampel	Lövenich	0		0									210

#	Vorname	Namen	Heimath	Kateg.	Geld	Matrik.	Inst.	Pand.	Peinl.	Lehen	Geistl.	(öffentl.) Kirch-Ge.	StaatsGesch.	Prackt.Natur	fol
261	Casp.	Lanzer	Bonn	ornat.		14.12.1786	87-91				89-91				224
262	Hubertus	Latz	Eiserfey	nobil.		18.12.1784	84,86		85		84,86				220
263	Joan Nic.Jos.	Lejeune	Kapellen	ornat.	30	20.01.1779	77	77-81		79-81	79				205
264	Fra.Jos.	Lendorf	Neuss	praenob.		10.12.1785					85				224
265	Max	Lenne	Bonn	0		0	85								223
266	Everh.Theod.	Löcke	Hoffstadt	ornat.		10.04.1780	79-81	80-82	81						210
267	Joh.Henr.	Lübert	Medebach	ornat.	30	16.01.1779	77	77-81	80	79					205
268	Pet.	Lülsdorf	Lövenich	ornat.		28.01.1784	83				83	83-85	83		218
269	P.	Mansuetus	Min.Conv.	0		0		83			83-86	83			218
270	Pet.Jos.	Manten	Jülich	nobil.		18.12.1784	84-86		85		85		84		220
271	P.Engelb.	Marquering	Min.Conv.	0		0									207
272	Vicarius	Martersteck	Bonn	0		0						83			219
273	Adam	Martin	Bonn	ornat.		28.01.1779	77	77-80		79-81	79-82				205
274	Frider.	Martin	Bonn	ornat.		29.01.1779	77	77-80	77-80	77-80					205
275	Pet.	Maubach	Solingen	ornat.		10.12.1785	85				85				223
276	Joan Pet.Jos.	Mäurer	Königswinter	0		0									210
277	Joan Jos.	Mehlem	Beuel	praenob.		26.01.1779									208
278	Frid.Jos.	memering	Rüthen	ornat.		10.12.1785	85-87	86-90			86-90	85			224
279	Ant.	Menge	Schellenstein	ornat.	sol.	10.12.1781	81-86	82,85	85		81-83		81		213
280	H.Jos.	Mengelberg	Linz	ornat.		16.11.1783	83	84,86	85	85	84,86				217
281	Quirin	Mertens	Argendorf	ornat.		18.12.1784	84-88	84-86	85		84-86				220
282	Bernard	Meurer	Köln	ornat.	30	16.01.1779	77	77-80	79						206
283	Casp.	Moll	Servita	0		0					83-85				220
284	P.Albertus	Momm	Francisc.	0		0		86			85-87				224
285	Fr.Theod.	Müller	Köln	ornat.		10.12.1785	85-87	85			85				223
286	Henr.	Müller	Brühl	ornat.		04.01.1781	80-82	81-86	82-84						211
287	Pet.Jos.	Nelles	Bonn	ornat.	re-nov.	11.07.1781	81-82	81-83							212
288	Franz Xav.	Nettekoven	Bonn	ornat.		20.01.1779	77-79	78-80							206
289	Jos.Theod.	Nettekoven	Bonn	ornat.		26.01.1779	78-80	79-84	81-83						208
290	P.Cosmas	Nettekoven	Servita	0		0					83-85				220
291	Jacob	Neuburg	Andernach	0		0		77							206
292	Martin	Neuenburg	Linz	ornat.		30.01.1781	80	80							211
293	Ferd.Wilh.	Nuppeney	Andernach	ornat.		28.01.1784	83	84-88	84-86		84-88				218
294	H.Jos.	Oberdörfer	Neunkirchen	ornat		18.12.1784									221
295	Henr.Theod.	Odendahl	Siegburg	ornat.	gratis	04.02.1782	81	82-84	83		82-84	81-84			214
296	F.Udalricus	Odenkirchen	Min.Conv.	0		0					83-87				220

#	Vorname	Namen	Heimath	Kateg.	Geld	Matrik.	Inst.	Pand.	Peinl.	Lehen	Geistl.	(öffentl.)	Kirch-Ge.	Staats	Gesch.	Prackt.	Natur	fol
297	Frid.Georg	Pape	Bracht	ornat.	gratis	14.12.1780	80												211
298	Frid.Georg	Pape	Bracht s.o.	ornat.	gratis	18.12.1781	81												214
299	Carl Fr.Franz	Pasch	Linz	ornat.		25.01.1779	78-80	80-85	81-84	83									207
300	Joseph	Pauli	Kaldenreiferscheid	ornat.	renov.	07.05.1781	81-84	81-86	84-86	85	82-85	85							212
301	P.	Paulinus	Kreuznach, Cap.	relig.		27.01.1784								83					218
302	Wilh.	Pfeifer	Siegen	ornat.		10.12.1785		85-88			86-88								223
303	Franz	Pick	Bonn	reverend.	30	07.02.1779													208
304	Pet.Jos.	Plenz	Bonn	0		0	81-87				82,84								215
305	Jacob	Poll	Stockum	ornat.		14.12.1786	86	86-90			86-90								224
306	Ladislaus	Pranghe	Lechenich	ornat.		20.01.1780	79	80-84											210
307	Joh.Leonard	Prochaska	Bonn	ornat.	30	20.01.1779	77	77-79											206
308	C.Adol.	Püllen	Glehn	ornat.	30	02.12.1782			82		82	82							215
309	Jos.	Quadt	Eitorf	ornat.		28.01.1784	83												218
310	Pet.Jos.Vinc.	Radermacher	Heimerzheim	ornat.		03.12.1779	79	80											209
311	Fra.C.Frhr.	Raitz de Frenz	Schlenderhan	ilustr. generos.	60	12.11.1781	81	82			82	82							212
312	Ger.	Rehe	Rheinberg	ornat		09.01.1785		84			84								221
313	Adolph	Rhiem	Kühlseggen	ornat.	10	12.12.1780	80												211
314	Petrus	Riegel	Muffendorf	0		0					82-84								216
315	Vincent	Rive	Dorsten	ornat.		11.04.1780	80	79											210
316	Herm.Ant.	Roié	Essen	0		0					85								224
317	Pet.Jos.	Rolshoven	Köln	ornat		18.12.1784	84,86				84-86	84-86							221
318	Pet.Jos.	Ropson	Bonn	ornat.		13.03.1779		77	77	77									206
319	Bernard Jac.	Roth	Bonn	ornat.		16.12.1780	80-82	81-84	82-84										211
320	Franc.	Roye	Essen	ornat.		27.06.1781	81	81			81								212
321	Joan Conrad	Con-Rübhausen	ueckerath	ornat.		13.01.1780	79												210
322	Bern.Ant.	Rump	Gesecke	ornat.	30	04.05.1783	83-87	84-86	85		83,85	85							216
323	Hub.	Sarter	Servita	0		0					83-85								220
324	H.F.	Saur	Siegburg	ornat.	30	26.01.1779													207
325	J.Marian.	Saur	Siegburg	ornat.	10	28.11.1782					82-84								215
326	N.Phil.	Saurmilch	Essen	0		0		84			84	84							221
327	Max Henr.Jos.	Schaefer	Ahrweiler	ornat.		04.10.1780	79-81	81											209
328	Joh.Bapt.	Schaerre	Esch	0		0	81	84-86			80								212
329	F.Junstinian	Schallmeyer	Min.Conv.	religios.		0		81,83											208
330	Conr.Ignat.	Scheck	Störmede	ornat.		12.12.1780	80	80-82											211
331	Joan Jos.	Scheven	Hennef	ornat.		18.12.1784		84			84	84							220

#	Vorname	Namen	Heimath	Kateg.	Geld	Matrik.	Inst.	Pand.	Peinl.	Lehen	Geistl. (öffentl.)	Kirch-Ge.	StaatsGesch.	Prackt.Natur	fol
332	Theod.	Schlösser	Arnsberg	ornat		14.12.1786	86	86-89							225
333	Hner.	Schlüter	Dorsten	0		0		77							206
334	Bern.	Schmidt	Pedell	0		0					79-86				212
335	Joh.	Schmidt	Braunhausen	ornat.	sol.	13.11.1783		83			83			83	217
336	Jo.Jos.	Schmidtgen	Zeltingen	ornat.		17.06.1786		85							224
337	Canon.	Schmitz	Bonn	0		0						83			219
338	Henr.Jos.	Schmitz	Gelsdorf	ornat.		10.12.1785	85	86							222
339	Jos.Ant.	Schmitz	Bonn	ornat.	gratis	23.01.1779		77-88	79						206
340	Lib.Jos.	Schmitz	Bonn	ornat.	30	30.01.1779	79	79	80-82						208
341	P.Cyrill	Schmitz	Min.Conv.	venerab.	gratis	0									207
342	Aloys	Schopp	Ahrweiler	ornat.		27.06.1781					81				212
343	Joh.Bapt.	Schötter	Bodendorf	ornat.		18.11.1783		83-85	83		83			83	217
344	P.M.	Schröder	Min.Conv.	0		0		83,85			81-87				215
345	Cas.Ant.	Schulten	Gesecke	ornat.		10.12.1785	85-87	86-91			86-88	85			222
346	Frider.	Schulten	Bonn	praenob.	60	01.02.1779	77								206
347	Paulus	Schünzgen	Zülpich	ornat.		01.12.1779		79-81	80						209
348	Peter Leon.	Schwaben	Siegburg	ornat.	30	03.02.1779	77								206
349	Joan Ant.	Schweinheim	Köln	ornat.		30.11.1779	79	79-81	80						209
350	Ant.Jos.	Seidel	Bonn	ornat.	renov.	05.07.1781		81-82			83				212
351	Herm.Jos.	Sethe	Bonn	0		0		80-82			80-85	83			212
352	Joann Franc.	Sett	Frankfurt/Oder	ornat.	gratis	15.01.1779	78								207
353	Fr.Ant.	Sibenius	Süchteln	ornat		18.12.1784		84,86	84		84,86	84,86			221
354	Joan.	Siebert	Brilon	ornat		14.12.1786	86								225
355	Cunib.	Sieberz	Servita	0		0					83-85				220
356	J.Jac.	Sitt	Köln	ornat.		18.11.1783		83-85	83		83-85	83		83	217
357	Joan.Nic.J.W.J.	Smets	Limburg	praenob.	60	03.05.1783		83,85	83-85		83,85	83,85			216
358	Fra.Ant.	Soist	Störmede	ornat.	30	04.05.1783		83-85	84		83-85	84			216
359	Henr.	Sommer	Kirchhundem	0		0			77	77					206
360	Joan	Sommer	Kirchhundem	ornat		27.01.1785					84-86				221
361	Johan	Sontag	Kürighoven	0		0									207
362	Hilar.	Spaener	Bonn	0		0		77							206
363	Joan Bapt.	Spaener	Bonn	ornat.	10	12.12.1782	82-84	82-87	84	85	83-85	85			215
364	Ignat.	Stein	Geistingen	ornat		18.12.1784	84								221
365	Steph.Jos.	Steinheuer	Heimerzheim	ornat.		10.12.1785	85-88	86							223
366	Joh.	Steinmüller	Bonn	ornat.	30	08.02.1779		77-81							206
367	Joh.Georg	Stemmer	Poppelsdorf	ornat.		16.02.1784	83-85	84-88	85		84,86	84-86			218
368	Joes Andr.	Stündeck	Schiefbahn	ornat.		21.04.1779	79	79-82	80-82						208

#	Vorname	Namen	Heimath	Kateg.	Geld	Matrik.	Inst.	Pand.	Peinl.	Lehen	Geistl.	(öffentl.) Kirch-Ge.	StaatsGesch.	Prackt.	Natur	fol
369	Reiner	Stup	Lechenich	ornat		14.12.1786	86-89									225
370	Fra.Wilh.	Stupp	Lechenich	ornat.	30	18.11.1781	81	82-88	84-86	85	85					213
371	Gregor	Stupp	Lechenich	ornat.	30	01.12.1780	80-82	81-85	82-84							210
372	Petr.Jos.	Stüßer	Kochenheim	ornat.		22.01.1779	78-80	79-81	80							207
373	F.Frid.A.L.	Tils	Kochenheim	praenob.	60	15.01.1779	78-80	79-86	80							207
374	Frid.	Tils	Odendahl	ornat		14.12.1786	86									225
375	0	Todemann	Sommersberg	0		0			84-86							221
376	Pet.	Trommerschlaeger	Gelsdorf	ornat.	gratis	01.02.1779	77	78-80								206
377	Joseph	Ulrich	Ahrweiler	ornat.		01.12.1779	79-81									209
378	P.Nath.	van Clooth	Min.Conv.		0	0					84					221
379	Joh.Nep.Jos.	Verkenius	Köln	ornat.	30	12.01.1783		82,84			82-83	82-83				216
380	Will.Henr.	Vischers	Kalkar	0		0						85-87	85			224
381	Albert Ant.	Vogts	Schmallenberg	ornat.		28.01.1779										208
382	Fran.Hub.	Vogts	Kempen	0		0			77	77						206
383	Wilh.	Vosen	Aachen	ornat		18.12.1784			84	84	84	84				221
384	Paul	Wahlen	Bonn	ornat.		23.12.1780	80-82	81-83								211
385	Christ.	Weber	Bonn	ornat.	30	10.02.1779	77	77-80								206
386	Jo.Jos.	Webers	Brilon	praenob.		10.12.1785	85				86					222
387	Carl	Weckbecker	Koblenz	0		0	77									206
388	C.F.	Weidenfeld	Neukirchen	praenob.sol.		13.12.1781			81		81	81				213
389	Max Fridr.	Wennee	Münster	ornat.		10.12.1785		85			85	85				223
390	Franc.	Wesener	Dorsten	ornat.		30.11.1779		79-81	80							209
391	Franz	Westerholt	Richlinghausen	ornat.	10	11.01.1783	82									216
392	P.Columbanus	Westhoven	ordo S.Aug.		0	0			83	84,86	85	83,85	85			219
393	Christ.Adolph	Wieck	Dorsten	ornat.		05.05.1781	81	82	81-83		81-83	81-83				212
394	Carl	Windeck	Bonn	ornat.	re-nov.	15.12.1781	81	81-85		84	82-84	82				213
395	Mart.	Windeck	Bonn	ornat		18.12.1784	85-91				85-89					221
396	Pet.	Wirtz	Königswinter	0		0			77	77	77					207
397	Engelb.	Wollersheim	Min.Conv.		0	0					84-86					221
398	F.	Wollersheim	Brühl	ornat		14.12.1786	86				86-88					225
399	Wigbert	Wollersheim	Min.Conv.		0	0					85					224
400	Pet.Jos.	Wolter	Bonn	0		0	85									223
401	Franz	Wrede	Bonn	0		0										207
402	Joh.	Wrede	Bonn	0		0			77		77					207
403	Pet.Jos.	Wülfing	Rheinbrohl	ornat.		10.12.1785	85-87				85-87					222
404	Joan Franc.	Zartman	Bonn	ornat.		05.03.1784							83-85			218
405	Joan Jos.	Zedlitz	Bonn	praenob.		10.01.1780	79-81	80								210
406	Franz	Zeidlitz	Hardenberg	praenob.	60	28.01.1779	77	77-81	79-81	79						207
407	Fra.Jos.	Zeppenfeld	Olpe	praenob.sol.		16.12.1781	81	82			81-83	82				214
408	Joan Zachaeus	Zerres	Müttinghofen	praenob.		01.12.1779	79-83	81-83								209
409	Prof.	Zeyen	Bonn	0		0							83			219
410	Peter	Zöller	Ransbach	ornat.		05.02.1779	79-83	81-83								208

#	Vorname	Namen	Heimath	Kateg.	Geld	Matrik.	Inst.	Pand.	Peinl.	Lehen	Geistl.	(öffentl.) Ge.	Kirch-Staats	Gesch.	Prackt.	Na-tur	fol
			aus Bonn:92				247	275	110	72	201	74	35	14	1	14	0
			in v.H.22%														

Kategorie:
ornat.   201
praenob.   41
reverend.   1

#	Vorname	Namen	Heimath	Kateg.	Geld	Matrik.	Inst.	Pand.	Peinl.	Lehen	Geistl.	(öffentl.) Ge.	Kirch-Staats	Gesch.	Prackt.	Na-tur	fol
			aus Bonn:92														
			in v.H.22%														

Kandidaten

fol. 226 ff

#	Vorname	Namen	Heimath	Kateg.	Matrikel	Philos.	Med.	Jura	Theol.	fol.
1	Franc.	Abel	Winterberg	ornat.	13.01.1791	90				244
2	Christ.Jos.	Aldenhoven	Zons	ornat.	18.12.1788			88-90		232
3	Andr.	Alef	Bonn	ornat.	01.12.1791	91				249
4	Fran.Ant.	Alterauge	Drolshagen	ornat.	13.10.1791				90	244
5	Henr.	Alterauge	Drolshagen	ornat.	01.12.1791				91	252
6	Jos.	Angelbis	Bonn	s.o.				88		236
7	F.	Angelus	Cap.	religios.	13.12.1787	87				227
8	P.Sixtus	Ankenbrand	Francisc.	relig.	28.02.1788				87-91	230
9	Salom.	Anschel	Bonn	s.o.			88-91			236
10	Voss	Anschel	Bonn	ornat.	01.12.1791	91				249
11	Joh.Georg	Arenz	Elspe	ornat.	01.12.1791				91	252
12	F.	Athanasius	Cap.	religios.	13.12.1787	87-89			89-91	227
13	Sev.Ant.Clem.	Averdonk	Ehrenstein	reverend.	03.12.1789				89-91	242
14	Joan.Rud.	Baaden	Bonn	ornat.	30.04.1791	90				244
15	Barthol.	Baur	Bonn	ornat.	03.12.1789			89-91		241
16	C.	Baur	Bonn	s.o.		87				231
17	0	Baurdick	Kirchlinden	ornat.	10.06.1790			90	90	243
18	F.Leon.	Bausch	Min.Conv.	relig.	01.12.1791				91	251
19	Jacob	Bayer	Köln					88-90		236
20	Ant.	Becker	Deutz	ornat.	13.01.1791		90			244
21	Pet.Jos.	Becker	Rheinbreitbach	ornat.	28.02.1788			87		230
22	Herm.Jos.	Beckers	Neuss	ornat.	13.12.1787	87-90			89	227
23	Bruno	Bender	Min.Conv.	religios.	03.12.1789				89-91	243
24	P.	Benjamin	Düren, Cap.	s.o.				86-88		226
25	H.	Bergerhausen	Kochenheim	ornat.	29.05.1788			88		237
26	Frid.Georg	Bering	Beringhof	ornat.	13.01.1791			90		244
27	Herm.Jos.	Berndes	Haselünne	ornat.	13.12.1787	87-90				227
28	Jos.	Bertholdi	Mülheim		13.12.1787			87		227
29	Pet.Jos.	Bette	Bonn	ornat.	01.12.1791		91			250
30	Pet.Jos.	Betten	Bonn	s.o.			88-90			236
31	Jacob	Biensack	Andernach	ornat.	22.01.1790			89-91		242
32	Engelb.	Bigeleben	Bonn	s.o.				88-91		236
33	Pet.	Bigeleben	Arnsberg	praenob.	01.12.1791	91				249
34	P.Eleutherius	Bill	Francisc.					86		226
35	Etmund	Billman	Richlinghausen	ornat.	01.12.1791			91		250
36		Blumenkamp	Wittlaer		13.12.1787			87-89		227
37	Ern.Jos.Dom.	Bodenstaff	Köln	praenob.	18.04.1787	87		87,89		226
38	F.	Bodifé	Bonn	s.o.				87		231
39	Matth.	Bodifé	Bonn					86		226
40	0	Bonn	Erp	ornat.	14.05.1789			88-90		235
41	Jo.Carol.	Borlatti	Lechenich	praenob.	13.01.1791			90		244
42	Fr. Frhr.	Bouget	Odenkirchen		13.12.1787	87				227
43	Henr.	Boutmi	Braunschweig	ornat.	13.12.1787					228
44	Franc.	Bracht	Richlinghausen	ornat.	03.12.1789	89				239
45	J.Vinc.	Bracht	Richlinghausen	ornat.	03.12.1789			89		241
46	Joan Sever.	Braun	Leubsdorf	ornat.	03.12.1789				89-91	243
47	Jan.	Brauns	Kochem	ornat.	13.01.1791	90				244
48	Henr.	Brenken	Niederklingenburg	ornat.	03.12.1789	89		90		239
49	Wilh.	Breuer	Bonn	ornat.	13.12.1787	87-91				228
50	P.Isidor	Brewer	Min.Conv.					86	86	226
51	F.	Buchmüller	Bonn	ornat.	03.12.1789	89			90	239
52	Jo.Jos.	Burger	Mergentheim	ornat.	26.07.1790			90		243
53	Herm.Jos.	Calenberg	Ahrweiler	ornat.	18.12.1791			91		251
54	Jos.	Caramé	Unkel	praenob.	01.12.1791	91				248
55	Franc.	Carri	Bonn	ornat.	14.05.1789	88				235
56	P.	Casimirus	Cap.	relig.	29.05.1788				88-91	236
57	Caspar	Christ	Bonn	ornat.	29.05.1788			88-90		237
58	Henr.	Christ	Alken	ornat.	01.12.1791	91				249

#	Vorname	Namen	Heimath	Kateg.	Matrikel	Philos.	Med.	Jura	Theol.	fol.
59	Joan	Claasen	Monschau	ornat.	16.05.1788		88			237
60	F.Ant.	Classen	Kempen	ornat.	27.04.1790				90	243
61	Clemens	Cobel	Bonn	ornat.	18.12.1788	88-90				234
62	Joh.Henr.	Cobet	Hilgenbach	ornat.	13.12.1787		87-89			228
63	Gerard	Commer	Blatzheim	ornat.	03.12.1789		89-91			240
64	Carol.	Corneli	Hofstadt	ornat.	18.12.1788	88				234
65	Franc.	Corty	Beuel	ornat.	13.10.1791	90				244
66	Mich.Jos.	Courtehoux des Riezes	Chimay	ornat.	01.12.1791		91			250
67	Henr.Ant.	Cracht	Altenhellefeld	ornat.	28.02.1788				87-90	230
68	Fr.Fridr.Ant.	Cramer	Altenhellefeld	ornat.	13.12.1787				87-89	228
69	Joan Hilfer	Cremer	Froidscheid	ornat.	25.02.1790			89-91		242
70	Pet.Franc.	Cremer	Poppelsdorf	ornat.	13.12.1787	87-89			89	228
71	Anton	Creutzmann	Westernkotten	ornat.	18.12.1788			88-91		232
72	0	Curtius	Liblar	ornat.	01.12.1791	91				249
73	Carol.Frhr.	d'Aix	(Ephoebus)	illustr.	13.01.1791	90				244
74	Aloys	Daltrop	Salzkotten	ornat.	13.01.1791		90			245
75	P.	Damascenus	Rheinbach, Cap.	relig.	01.12.1791				91	251
76	Wilh.Ant.	Daniels	Linnich	ornat.	13.12.1787		87-90			228
77	Max.Jos.	Dattenfels	Vilip	s.o.				88		237
78	Frhr.	de Beissel	Gymnich	illustr.	13.12.1787		87			227
79	Frhr.	de Beissel	Gymnich	illustr.	13.12.1787		87			227
80	Frhr.	de Beissel	Gymnich	illustr.	13.12.1787		87			227
81	Jos.	de Berg	Tolpetanus(?)	ornat.	13.12.1787		87-90			227
82	J.P.E.Ritter	de Bex	Lüttich	generos.	03.12.1789		89-91			241
83	Carol.Frhr.	de Bothmer	Osnabrück	illustr.	01.08.1791			91		244
84	Arnold	de Brauman	Bonn	nobiliss.	18.12.1788	88-90			90	234
85	Christoph	de Breuning	Bonn	praenob.	13.12.1787	87-89			89	228
86	Laur.	de Breuning	Bonn	praenob.	13.01.1791	90				244
87	Steph.	de Breuning	Bonn	nobil.	03.12.1789	89				240
88	Ant.Jos.	de Brewer	Bell	praenob.	13.01.1791			90		244
89	Fran.	de Bruin	Urdingen	praenob.	01.12.1791			91		251
90	Franc.Casp. Frhr.	de Francken Sierstorpf	Köln	illustr.	05.12.1789			89		242
91	Frhr.	de Fürth	Aachen				90			245
92	Max Fr.Frhr.	de Gaugreben	Brochhausen	illustr.	13.12.1787	87		88-90		228
93	Car.Theod.Frhr.	de Geyr	Aachen	illustr.	08.01.1788	87				230
94	Franc.	de Gruben	Bonn	nobil.	03.12.1789	89		90		239
95	Pet.Jos.	de Gruben	Bonn	nobiliss.	18.12.1788	88-90			90	235
96	Jacques	de la Valette St. George	Köln	strenuus ge-neros.	01.12.1791			91		251
97	Joh.Paul Frhr.	de Leykamp	Wien	perillustr. generos.	19.12.1788			88		236
98	Fr. Frhr.	de Lilien	Werl	illustr.	01.02.1787			86-88		227
99	Casp.Aloys	de Lintz	Koblenz	praenob.	08.12.1791			91		251
100	Frhr.	de Lombeck	Gudenau	illustr.	03.12.1789	89				239
101	Frid.Carol.Frhr.	de Mayrhofer	Klingenberg	illustr.	26.05.1791			91		246
102	Maximilian Graf	de Metternich	Bonn					88		238
103	Lud.	de Petteneck	Mergentheim	praenob.	17.06.1790	90			90	240
104	Frhr.	de Pletten-berg	Münstereifel	perillustr.	01.12.1791	91				249
105	Jos.Frhr.	de Proff	Hennef	illustr.	13.01.1791			90		247
106	Constant.	de Schö-nebeck	Johannsberg	praenob.	03.12.1789	89				240
107	F.Frhr.	de Seyda	Rhenobercam	illustr.	03.12.1789	89				239
108	M.	de Solema-cher	Koblenz	praenob.	01.12.1791			91		251
109	0	de Stockhau-sen	Ueckerath	praenob.	01.12.1791	91				249
110	C.Jos.Fr.	de Stockhau-sen	Uckerath	praenob.	01.12.1791			91		251
111	F.H.J.A.	de Sturm	Odendorf	praenob.	01.12.1791	91				249
112	Georg	de Trousset	Lüttich	praenob.	27.03.1788			88-91		236
113	Frhr.	de Waldenfels	Bonn	illustr.	03.12.1789	89				239

#	Vorname	Namen	Heimath	Kateg.	Matrikel	Philos.	Med.	Jura	Theol.	fol.
114	Frhr.	de Warsberg	Trier	illustr.	02.03.1788			86-88		227
115	Ferd.Jos.Frhr.	de Weichs	Rösberg	illustr.	13.12.1787			87-91		230
116	Max Fri.Frhr.	de Weichs	Rösberg	illustr.	13.12.1787			87-90		230
117	Frhr.	de Wenghe				89				244
118	Carol.Frhr.	de Wurm	Siegburg,Abtei	illustr.	25.02.1790			89		242
119	Henr.	Degen	Bonn	s.o.				89		243
120	Henr.	Degen	Düren	ornat.	03.12.1789			89-91		241
121	Phil.Carol.	Denk	mainz	ornat.	18.12.1788	88-90				234
122	Joh.Pet.	Dernen	Bonn	ornat.	03.12.1789	89				239
123	F.Everh.	Dersch	Attendorn	ornat.	18.12.1788			88-90	88	233
124	Max Jos.	Develich	Kürighofen	ornat.	18.12.1788				88-90	233
125	Joh.Conr.	Dicker	Vilich, Cap.	ornat.	01.12.1791			91		250
126	Ferd.	Dickmann	Oestinghausen	praenob.	01.12.1791		91			250
127	Leopold	Diel	Bacharach	ornat.	03.12.1789			89		241
128	Werner	Dobbe	Kirchhellen	ornat.	29.05.1788					236
129	J.	Dobbelstein	Eschweiler	ornat.	03.12.1789			89-91		241
130	P.	Dominicus	Thülen, Cap.	relig.	18.12.1788				88-91	233
131	Joseph	Dorlans	Brüggen	ornat.	18.12.1788	88		89-91		235
132	C.J.	Dormann	Lüttich	s.o.				88		237
133	Joan Ant.	Duckweiler	Schiefbahn	ornat.	13.01.1791				90	245
134	B.	Dupuis	Bonn	s.o.		90		87-90		231
135	Ant.	Ebbinghau-sen	Neumagen	ornat.	13.12.1787		87-89			228
136	Barthol	Ehlen	Rachtig	ornat.	18.12.1788		88			232
137	F.Aloys	Ehrenheim	Francisc.	relig.	18.12.1788				88-91	234
138	O	Eichof	Bonn	s.o.				90		245
139	Alb.Wilh.	Elven	Münstereifel	ornat.	01.02.1787			86		226
140	F.	Elziarius	Düsseldorf, Cap.	relig.	18.12.1788	88			89-91	234
141	Joh.Laur.	Emans	kempen	praenob.	13.01.1791		90			245
142	Joh.Adolph	Erbreich	Köln	ornat.	18.12.1788			88-90		233
143	Fr.	Erckens	Kempen	ornat.	13.01.1791			90		245
144	Joa.Matth.	Erlenwein	Urdingen	ornat.	28.02.1788			87-90		230
145	Frid.	Esser	Zons	ornat.	03.12.1789			89-91		241
146	Jac.	Fechmer	Bonn	s.o.		90				245
147	J.	Feusser	Magister	s.o.					87	231
148	Christoph	Fibus	Neuss	ornat.	13.12.1787		87-91			228
149	Fra.Adol.	Fickerman	Werl	ornat.	13.12.1787			87-90		228
150	Barth.Lud.	Fischenich	Bonn	ornat.	13.12.1787			87-89		228
151	Ferd.Jos.Frhr.	Fischenich	Bonn	ornat.	18.12.1788	88				234
152	P.Tobias	Flamm	Min.Conv.	relig.	13.12.1787				87	228
153	Joan Herm.	Former	Poppelsdorf	ornat.	01.12.1791		91			250
154	P.	Fortunatus	Dattenberg, Cap.	relig.	18.12.1788				88-90	233
155	P.	Franciscus Joseph	Urdingen, Cap.	relig.	18.12.1788				88-91	233
156	Fridolin	Fransquin	Obermendig	ornat.	03.12.1789			89-91		241
157	Anton	Frigge	Werl	praenob.	26.05.1791			90		245
158	Fridr.Wilh.	Frings	Linz	ornat.	03.12.1789			89		241
159	Pet.	Fuchsius	Mehring	s.o.				89		243
160	Henr.	Fuisting	Selm	praenob.	24.04.1790			90		242
161	Joan Jos.	Gade	Köln	ornat.	03.12.1789			89-91		241
162	Fr.	Gamen	Hönningen	s.o.					90	245
163	Jac.	Gansen	Bonn	ornat.	13.12.1787	87-89		89-91		228
164	Joan Henr.	Gareis	Bonn	s.o.				86		226
165	P.Cassius	Gareis	Min.Conv.	relig.	13.12.1787				87	228
166	Joan Jac.	Gau	Flerzheim	ornat.	03.12.1789	89				239
167	P.	Gaudiosus	Cap.	relig.	14.05.1789				88-91	235
168	Mich.	Giersberg	Hombüchel	ornat.	13.01.1791	90				245
169	O	Giesen	Kornelimünster	ornat.	01.12.1791			91		251
170	Joan	Giesen	Ahrem	ornat.	11.01.1790		89-91			240
171	Leop.	Gödderz	Siegen	ornat.	13.10.1791			90		245
172	Gregor	Gohr	Min.Conv.	religios.	03.12.1789				89-91	243
173	Joh.Ludw.	Gördes	Selschede	ornat.	28.02.1788			87-91		230
174	O	Görris							89	243
175	Ernest.	Graf	Schildesche	praenob.	07.12.1791		91			250

#	Vorname	Namen	Heimath	Kateg.	Matrikel	Philos.	Med.	Jura	Theol.	fol.
176	Fran.Jos.	Gregoire	Lüttich	ornat.	16.03.1791			90		245
177	Franc.	Greve	Arnsberg	ornat.	18.12.1788		88-90			232
178	Jos.	Grondorf	Hofstadt	ornat.	13.12.1787			87-90		228
179	Pet.	Gruben	Liedberg	ornat.	01.12.1791			91		251
180	F.Engelb.	Hahn	Francisc.	relig.	28.02.1788				87-91	231
181	Henr.	Hahn	Andernach	ornat.	13.01.1791			90		245
182	Jos.	Hahn	Nideggen	ornat.	08.02.1790		90			240
183	Joan Georg	Hambach	Trier	praenob.	02.03.1788			87-89		232
184	Fra.Jos.	Hamm	Bonn	ornat.	13.12.1787		87			228
185	Joan Wilh.	Hamm	Neuss	ornat.	22.06.1789		89			236
186	Ant.	Hammer	Warendorf	ornat.	01.12.1791			91		251
187	Fr.	Hanf	Dorsten	ornat.	08.12.1791			91		251
188	F.	Hanff	Dorsten	s.o.				87		231
189	Car.	Harbert	Arnsberg	ornat.	03.12.1789			89		241
190	Fr.	Hardock	Obergrembach	ornat.	03.12.1789			89-91		241
191	Herm.Jos.	Hartman	Schleiden	ornat.	13.01.1791				90	245
192	Joan	Hartman	Bonn	ornat.	18.12.1788		88			232
193	Ferd.	Hartmanni	Bonn	ornat.	03.12.1789	89-91				240
194	0	Hasselenberg	Maastricht	praenob.	13011791		90			245
195	Jos.	Hatteisen	Wewelsburg	ornat.	23.04.1787			87-89		226
196	Andr.	Hauck	Worms	ornat.	22.01.1792			91		250
197	Theod.	Haus	Scheidingen	ornat.	13.01.1791				90	245
198	Joan Theod.	Häuser	Bonn	ornat.	18.12.1788		88-91			232
199	Jos.	Hausman	Neuss	ornat.	03.12.1789			89-91		241
200	Jac.	Hecker	Poppelsdorf	ornat.	13.12.1787				87	228
201	Pet.	Hecking	Gusdorf	ornat.	13.12.1787		87-91			229
202	Jac.	Herberz	Urdingen	ornat.	03.12.1789				89-91	242
203	P.Dißibod	Herman	Francisc.	s.o.				86-89	87	226
204	Jos.	Hermann	Rüthen				89			243
205	P.Raph.	Hermkes	Min.Conv.	relig	01.12.1791				91	252
206	Joan	Herr	Mörsch	ornat.	01.12.1791		91			250
207	Everh.	Hertmann	Attendorn	ornat.	26.05.1791		90			245
208	P.Crescent.	Heuts	Francisc.						89-91	243
209	M.Jos.	Heyde	Kerpen	ornat.	28.02.1788			87		231
210	Fr.	Hillencamp	Gesecke	ornat.	14.05.1789		88-90			235
211	Joh.Mich.	Hirschman	Bonn	ornat.	13.12.1787	87-89				229
212	Matth.	Höcker	Bonn	ornat.	01.12.1791	91				249
213	Gottlieb	Hoeslermann	Gummersbach	ornat.	30.05.1791			91		246
214	Ferd.	Hoestermann	Gummersbach	ornat.	01.12.1791		91			250
215	B.	Hölscher	Ahausen	ornat.	13.12.1787			87-89		229
216	0	Holzapfel	Vollinghausen	ornat.	03.07.1790					243
217	Jacob	Hornay	Bonn	ornat.	13.01.1791	90				246
218	Pet.	Houfen	Bonn						88	237
219	Jos.	Hoynck	Bracht	ornat.	28.02.1788			87-90		231
220	Franc.	Hund	Olpe	ornat.	29.05.1788			88		236
221	Pet.Jos.	Hupp	Bonn	ornat.	14.05.1789	88				235
222	Fran.Ant.Jos.	Hüppe	Attendorn	ornat.	03.12.1789			89		241
223	Jos.Ant.	Hupperz	Doufferen	ornat.	13.10.1791			90		246
224	J.W.	Hüsgen	Giesenkirchen	ornat.	13.12.1787				87-90	229
225	Pet.	Impekoven	Duisdorf	ornat.	03.12.1789	89				239
226	Franc.Adol.	Jacobi	Warendorf	praenob.	09.06.1790		90			240
227	Jo.Jos.	Jenn	neunkirchen						89	244
228	P.	Joseph Anton	Marsdorf, Cap.	relig.	18.12.1788				88,9	233
229	Andr.	Jungen	Linnich	ornat.	13.12.1787			87-90		229
230	Ant.	Jungen	Bonn					88,9		237
231	Henr.	Kanne	Bonn	ornat.	03.12.1789	89-91				239
232	0	Karth	Bonn					90		246
233	Wilh.	Kayser	Oestinghausen	ornat.	18.12.1788			88-91		233
234	Joan Matth.	Kerzmann	Wormersdorf	ornat.	13.01.1791				90	246
235	Franc.	Kiffe	Bocke	ornat.	01.12.1791	91				249
236	Casp.	Kissing	Balve	ornat.	13.01.1791	90				246
237	Joan Mart.	Klein	Linz	ornat.	03.12.1789	89		90		238
238	Steph.	Klein	Rheinbreitbach	s.o.					88-91	237
239	Theod.	Klein	Rheinbach					86	88-90	226

#	Vorname	Namen	Heimath	Kateg.	Matrikel	Philos.	Med.	Jura	Theol.	fol.
240	P.	Klingels	Min.Conv.	relig.	13.12.1787				87	229
241	A.Everh.	Klück	Haffen	praenob.	13.12.1787			87		229
242	Frider.	Koch	Bonn	ornat.	13.01.1791	90				246
243	Matthias	Koch	Bonn	ornat.	18.12.1788	88-91				234
244	Pet.	Koch	Beuel	ornat.	30.06.1788		88			237
245	Anton	Kölges	Gladbach	ornat.	03.12.1789		89			240
246	Wilh.Jos.	Köller	Adenau	praenob.	03.12.1789			90	89	243
247	Jac.	Kraemer	Bonn				88			237
248	Henr.Godfr	Krahe	Friesheim	ornat.	18.12.1788			88-91		232
249	Wilh.	Kramer	Osnabrück	s.o.				86		226
250	Gerard	Krauß	Bonn	s.o.				88-91		237
251	Gerard	Kreitz	Urdingen	reverend.	03.12.1789				89-91	242
252	Herm.Jos.	Kriechel	Ahrweiler	ornat.	13.12.1787			88-90		229
253	J.	Kriechel	Ahrweiler	praenob.	13.12.1787			87-91		229
254	Matth.	Krieger	Wedinghausen	reverend.	03.12.1789			89	89-91	242
255	Pet.Jos.	Kronenburg	Siegen	s.o.				86	88-91	226
256	Theod.	Krupp	Liblar	ornat.	13.10.1791	90				246
257	Wilh.	Krupp	Liblar	ornat.	13.10.1791	90				246
258	Wilh.	Kruse	Wevelinghofen	ornat.	18.12.1788		88-90			232
259	Carl.Ferd.	Kügelgen	Bacharach	ornat.	14.05.1789	89				236
260	Joh.Jos.	Kügelgen	Bonn	ornat.	18.12.1788	88-90		90		235
261	Jos.Ign.	Kügelgen	Bacharach	ornat.	18.12.1788	88-90				234
262	Jos.	Kupfer	Bonn	ornat.	13.10.1791	90			90	246
263	0	Küpper	Bonn	ornat.	14.05.1789			88		235
264	Henr.	Küpper	Koblenz	praenob.	18.12.1788			88		233
265	Joan.Henr.	Küpperz	Neuss	ornat.	28.02.1788		87-91			231
266	Franc.Ant.	Kürten	Brühl	ornat.	03.12.1789		89-91			240
267	0	Lachaussée	Bonn	ornat.	13.12.1787				87-91	229
268	P.Bernardin	Lamey	Min.Conv.	religios.	13.10.1791					246
269	Nicol.	Lamping	Langförden	ornat.	13.10.1791		90			246
270	Joan	Langen	Bonn	ornat.	03.12.1789	89-91				239
271	C.	Lapostolle	Bonn	ornat.	02.07.1788		88,9			237
272	Car.Ferd.Jos.	Leduc	Lüttich	praenob.	01.01.1787			86-89		226
273	Everhard	Legrand	Düsseldorf	ornat.	25.02.1790				89	243
274	Joan Jos.	Lenne	Bonn	ornat.	13.10.1791	90				246
275	Fran.Jos.	Lentze	Effelen	ornat.	01.12.1791				91	252
276	Matth.	Leydener	Bonn	ornat.	18.12.1788		88			232
277	Engelb.	Lichte	Arnsberg	ornat.	10.06.1790			90		242
278	0	Liessem	Bonn	s.o.					87-91	231
279	Casp.	Liessem	Bonn			90				246
280	Wilh.	Liessem	Bonn	ornat.	01.12.1791	91				248
281	Christoph	Litzemeyer	Bonn				89-91			244
282	Pet.	Löhndorf	Ehrenstein	reverend.	03.12.1789				89	242
283	Henr.	Löltgen	Niedervernich	ornat.	01.12.1791				91	252
284	P.	Luber	Francisc.	relig.	13.12.1787				87	229
285	Cornel.Mart.	Lux	Maastricht	reverend.	22.07.1791			91		246
286	0	Maagh	Bonn	s.o.				87-89		231
287	M.	Malberg	Paderborn	ornat.	13.12.1787			87-89		229
288	L.	Manasse	Karlsruhe	praenob.	08.03.1788	87				231
289	P.	Mansuetus	Vilich, Cap.	relig.	18.12.1788				88	233
290	P.	Marcellinus	Linz, Cap.	relig.	01.12.1791				91	251
291	0	Martin	Bonn	ornat.	13.12.1787	87-89		89-91		229
292	G.	Maß	Köln	ornat.	14.05.1789			88-90		235
293	F.	Matthaeus	Nieder Salvey, Cap.	relig.	18.12.1788				88	233
294	Joan	Mayer	Frankfurt	ornat.	13.01.1791					246
295	Adolph	Mecheln	Richlinghausen	ornat.	28.05.1788		88			237
296	Franc.	Meder	Salmünster	s.o.				88-91		238
297	J.	Mengelberg	Linz	s.o.			87			231
298	Jos.	Mengelberg	Linz	ornat.	03.12.1789		89-91			240
299	Ger.	Mertens	Bonn	s.o.				88-90		238
300	Phil.Jos.	Metz	Nastädten	ornat.	13.01.1789	90				246
301	Franc.	Meyer	mainz			90				247
302	Ignat.	Meyer	Bonn	ornat.	03.12.1789		89-91			240
303	Franc.	Michelis	Köln	ornat.	06.04.1789		88			235

#	Vorname	Namen	Heimath	Kateg.	Matrikel	Philos.	Med.	Jura	Theol.	fol.
304	Carl Jos.	Minola	Linz	s.o.				86		226
305	Jos.	Mombaur	Landerhofen	ornat.	18.12.1788	88-91				234
306	Herm.Jos.	Mühlen	Urdingen	ornat.	13.01.1791		90			247
307	Casp.	Müller	Bonn	ornat.	13.10.1791	90				247
308	Christoph	Müller	Bonn	s.o.				88-90	87	231
309	Matth.	Müller	Adenau	s.o.					88-91	238
310	Christ.Jos.	Multer	Förde	s.o.				88	89-91	238
311	Joan	Müthing	Lechenich	ornat.	18.12.1788	88-90				232
312	0	Nachtsheim	Waldorf	ornat.	13.12.1787	87-89		89	90	229
313	Jos.	Nachtsheim	Breisig						90	247
314	Pet.	Nachtsheim	Waldorf	ornat.	01.12.1791	91				249
315	Carol.	Neesen	Bonn	ornat.	13.01.1791	90				247
316	Wilh.Jos.	Neesen	Bonn	s.o.				88-91		238
317	P.	Nerius	Cap.	relig.	18.12.1788				88-91	233
318	Jos.	Neunert	Bonn				88			238
319	Jos.	Neunert	Bonn	ornat.	03.12.1789		89			240
320	Petr.	Neusser	Bonn	ornat.	18.12.1788	88				234
321	0	Noisten	Bonn	ornat.	05.07.1788		88			237
322	0	Noortwyck	Anhold	ornat.	13.12.1787	87		88-90		229
323	Ant.	Nückel	Wiegelen	ornat.	13.01.1791		90			247
324	Franc.Wilh.	Nuckeln	Wiecheln	ornat.	18.12.1788			88		232
325	R.Laur.	Oeppen	Bedburg	praenob.	13.01.1791			90		247
326	J.Ch.P.	Offermann	Lindlar	ornat.	18.12.1788				88	233
327	Wilh.Jos.	Offermans	Rüthen	ornat.	03.12.1789		89-91			240
328	Wilh.Jos.	Olligschlae-ger	Kall					89-91		242
329	Ferd.	Otterstedde	Neheim	ornat.	01.12.1791				91	252
330	Pet.	Palmberg	Köln				88			238
331	Frid.Georg	Pape	Wedinghausen	reverend.	03.12.1789			89	89	242
332	Frider.	Pape	Meschede	ornat.	01.02.1787			86		226
333	0	Passavanti	Bonn	ornat.	13.12.1787	87		88-90	90	229
334	Casp.	Pastors	Köln	ornat.	13.12.1787			87-89		229
335	Joh.Georg	Petri	Trier	ornat.	01.12.1791			91		250
336	Jos.	Pfeiffer	Bonn	ornat.	18.12.1788	88-90				234
337	Pet.	Pfeiffer	Attendorn	ornat.	03.12.1789	89			90	239
338	D.	Philippi	Marsberg	ornat.	26.05.1791		90			247
339	Jos.	Pick	Bonn	ornat.	13.01.1791	90				247
340	Marcus	Pick	Bonn	ornat.	18.12.1788	88		90		234
341	Casp.Henr.	Pontman	Dornberg	ornat.	01.08.1787	87-90				232
342	Franc.	Pranghe	Brilon	s.o.				86	90	226
343	Jos.	Prion	Waldbreitbach	ornat.	01.12.1791	91				249
344	Franc.	Quick	Winterberg	ornat.	18.12.1788				88	233
345	P.	Raphale	Gladbach, Cap.	relig.	01.12.1791				91	251
346	Franc.	Rasoir	Gelren	ornat.	29.04.1789			88		235
347	Pet.	Rath	Urdingen	ornat.	13.01.1791		90			247
348	Anton	Reicha	Prag	ornat.	14.05.1789	89				236
349	0	Reichelstein	Siegen	ornat.	13.01.1791	90				247
350	0	Reumont	Aachen	praenob.	13.12.1787	87-90				229
351	Car.Theod.	Reusch	Hyberus regius[30]	ornat.	07.12.1791	91				250
352	Godf.Ant.	Richarz	Siegen	ornat.	01.12.1791			91		250
353	0	Rintelein	Westfalen					89		244
354	L.	Rittman	Eschweiler	ornat.	18.12.1788			88-91		233
355	Casp.	Rive	Menden	ornat.	13.01.1791			90		247
356	Godofr.	Rive	Dorsten	ornat.	03.12.1789			89		242
357	Jos.	Rive	Dorsten	ornat.	13.01.1791			90		247
358	Adam	Röingh	Rüthen	ornat.	01.12.1791				91	252
359	0	Rolshoven	Köln	ornat.	13.01.1791					247
360	P.	Rompelle	Lüttich,Ordo S.Guilel.						88	238
361	Casp.Wilh.	Royngh	Ruthen	ornat.	18.12.1788			88		232
362	Jos.	Rozzoli	Bonn	ornat.	03.12.1789	89				239
363	Petrus	Sachs	Mainz			91				250

30

#	Vorname	Namen	Heimath	Kateg.	Matrikel	Philos.	Med.	Jura	Theol.	fol.
364	Thomas	Salm	Eupen	ornat.	26.03.1789	88				235
365	Frid.Adol.	Saur	Barge	ornat.	13.12.1787				87-91	230
366	Peter	Saurland	Köln					88-90		238
367	Fran.	Schade	Dinklar	ornat.	01.12.1791			91		251
368	F.Vincent	Schaefer	Francisc.	religios.	13.10.1791				90	248
369	Fran.	Schaep	Hüls				90-92			247
370	P.Cast.	Schallmayer	Min.Conv.	s.o.				86		226
371	Pet.Jos.	Schefer	Ahrweiler						89	236
372	Joan Wilh.	Schieffer	Esch	ornat.	25.02.1790			89-91		242
373	B.	Schiellein	Paderborn	ornat.	23.04.1787			86-89		227
374	C.	Schlagwein	Löhndorf	ornat.	18.12.1788	88-90			90	235
375	C.Wilh.	Schlichter	Speier	ornat.	20.04.1789			88		235
376	Franc.	Schmitt	Attendorn	ornat.	13.01.1791	90				247
377	P.Placid.	Schmitter	Abt	s.o.			86	86		227
378	Adol.	Schneider	Duisdorf	ornat.	01.12.1791	91				249
379	Franc.	Schneider	Remagen	ornat.	13.01.1791	90				247
380	J.Matth.	Schneider	Karweiler	s.o.					77	238
381	Pet.Jos.	Schneider	Ehrenstein	reverend.	03.12.1789				89-91	242
382	Silverius	Schneider	Min.Conv.	religios.	03.12.1789				89-91	242
383	Franc.Jos.	Schnüttgen	Zeltingen	ornat.	03.12.1789			89-91		241
384	Gerard	Schoock	Köln	ornat.	13.01.1791		90			248
385	Joan Pet.	Schröder	Köln	ornat.	01.02.1787			86		227
386	Philip	Schröder	Clüsserath	ornat.	18.04.1788			87-91		237
387	Joh.	Schroeder	Werl	ornat.	01.12.1791			91		251
388	Matth.Jos.	Schuch	Mayen	ornat.	03.12.1789			89-91		241
389	Herm.Jos.	Schugt	Bonn	ornat.	18.12.1788	88				234
390	Car.	Schüller	Müllheim	ornat.	03.12.1789			89-91		241
391	0	Schulte	Stemmereck	ornat.	10.06.1790				90	243
392	Fran.Jos.	Schulte	Höingen	ornat.	01.12.1791				91	252
393	P.Thom.	Schunk	Min.Conv.	relig.	13.12.1787			88-90	87-90	230
394	Jacob	Siegen	Uckendorf	ornat.	13.12.1787			87-90		230
395	Ant.Jos.	Simons	Bonn	ornat.	05.05.1788		88	88-91		237
396	Christ.Jos.	Sommer	Merschen	ornat.	03.12.1789			89		241
397	Joh.	Sommer	Merschen					88		238
398	P.	Sophronius	Cap.	s.o.						238
399	P.	Sophronius	Monschau, cap.	relig.	18.12.1788				88-91	233
400	Jos.	Spaener	Bonn	ornat.	01.12.1791	91				248
401	Joan.Rei.	Spelten	Wevelinghofen	ornat.	13.01.1791			90		248
402	Frhr.	Spiegel Die-Arnsberg senberg		perillustr.	01.12.1791	91				249
403	Bern.Lud.	Sporenberg	Bockum		26.05.1791		90			248
404	Fra.Mar.Jos.	Spratten	Bonn	ornat.	01.02.1791		90			248
405	Casp.	Staab	Brüggenau	ornat.	12.12.1791		91			250
406	Ambros.	Stachel-scheid	Drolshagen	ornat.	14.05.1789			88-91		235
407	Wilh.	Steffens	Düren	ornat.	03.12.1789	89				239
408	Jo.	Steinbusch	Bank	ornat.	01.12.1791			91		251
409	Ger.Ant.	Steinhauß	Bonn	ornat.	01.12.1791	91				249
410	J.Hub.	Stieger	Kempen	ornat.	21.03.1790				90	243
411	0	Stockhausen	Stockhasuen	ornat.	06.12.1791			91		251
412	Joan Wilh.Frid.	Stoll	Arenberg	ornat.	18.12.1788		88			232
413	C.	Strauch	Aachen	praenob.	14.05.1789			88-90		235
414	Wilh.	Stricker	Oberpleis	ornat.	03.12.1789	89-91				239
415	Sebast.	Stumpf	Sesslach	praenob.	26.05.1791	90				248
416	Mich.	Sturm	Eupen	ornat.	13.01.1791		90			248
417	Joh.Jos.	Surder	Schiefbahn	ornat.	13.10.1791	90				248
418	J.W.	Sutorius	Unkel	ornat.	30.04.1787			86-90		227
419	Eric.Jos.	Terörde	Anhold	praenob.	13.12.1787			87-90		230
420	Max Fr.Frhr.	Terörde	Anhold	praenob.	13.12.1787			89	87-90	230
421	Joan Jos.	Thenée	Rheinbach	ornat.	03.12.1789				89	243
422	Henr.Aloys	Thönessen	Bonn	ornat.	18.12.1788	88-90		90		234
423	0	Thymes	Aachen			89				244
424	Etmunf	Thynen	Rheinbach	s.o.					88-90	238
425	Joan Lodov.	Tilgen	Wester	ornat.	17.07.1789		89-91			236

#	Vorname	Namen	Heimath	Kateg.	Matrikel	Philos.	Med.	Jura	Theol.	fol.
426	Joa.Jos.F.	Tils	Köln	praenob.	22.12.1788	88-91				235
427	Theod.	Tils	Köln	ornat.	18.12.1788	88				234
428	P.Terent.	Topp	Min.Conv.	relig.	13.12.1787				87-89	230
429	Casp.	Törnig	Menden	ornat.	18.12.1788				88,9	233
430	Petr.	Trevisani	Bonn	ornat.	18.12.1788	88-90				234
431	Johann	Urbach	Bonn	s.o.				87-91		231
432	Ludov.	van Beethoven	Bonn	ornat.	14.05.1789	89				236
433	Theod.	van Berckel	Rotterdam	reverend.	14.06.1788			88		232
434	Wilh.	van Elten	Lackemondt	praenob.	01.12.1791		91			250
435	Jacob	van Thenen	Köln	praenob.	03.12.1789			89		240
436	Fra.Conr.	Varnhagen	Brilon	ornat.	13.12.1787	87-91				230
437	Ant.	Velten	Bonn	ornat.	01.12.1791		91			250
438	Bern.Jodoc.	Velten	Bonn	ornat.	03.12.1789		89-91			240
439	Jodoc.	Velten	Bonn		88					238
440	Wilh.	Venn	Paderborn	ornat.	18.12.1788			88-91	90	233
441	Herm.Jos.	Vianden	Oedekoven		10.02.1791	91				250
442	Fra.Leop.	Vibahn	Gummersbach	ornat.	08.08.1791			90		248
443	Eduard Dominic	Vio	Frankfurt	ornat.	11.08.1789		89			236
444	Andr.	Wachendorf	Adendorf	s.o.				88-90		238
445	Henr.	Wassermeyer	Bonn	ornat.	13.01.1791	90				248
446	Ign.Conr.	Wassermeyer	Bonn	ornat.	13.12.1787	87-89			89	230
447	Ludov.	Weber	Stachelau	s.o.				89-91		244
448	Phil.Carol.	Weigand	Mainz	praenob.	03.12.1789	89				240
449	Joh.Adam	Weiß	Bonn	ornat.	01.12.1791	91				249
450	P.Nathanael	Weissenberg	Francisc.	relig.	18.12.1788				88-90	234
451	Joan	Welter	Frauweiler	ornat.	29.05.1788			88-90		237
452	P.	Wendelinus	Köln, Cap.			86		86-88		227
453	Ferd.	Wessel	Bonn	ornat.	01.12.1791	91				249
454	Michael	Wetzels	Köln, Ordo S. August.	Au-religios.	03.12.1789				89-91	243
455	Joan Adolph	Wietz	Bentheim	ornat.	13.01.1791		90			248
456	Gerard	Wilde	Asbeck	ornat.	13.12.1787			87		230
457	Andr.	Wirth	Mainz	ornat.	26.05.1791	90				248
458	Nicol.	Witting	Bonn	ornat.	18.12.1788		88-90			232
459	Pet.	Wohlman	Trenfurt	ornat.	13.01.1791	90				248
460	Joan Ant.	Wolter	Gladbach	ornat.	03.12.1789			89-91		240
461	Pet.Jos.	Worms	Schwarzrheindorf	ornat.	03.12.1789	89				239
462	Ant.	Wrede	Brilon	ornat.	03.12.1789	89-91				239
463	Jos.	Wrede	Werl	ornat.	06.04.1788			88-90		236
464	Herm.Jos.	Wuesten	Bonn	s.o.				87		231
465	Jos.	Wulff	Bonn	ornat.	13.12.1787	87-89		88-91		230
466	Fran.	Wunderlich	Mülheim/Mosel	ornat.	13.01.1791	90				248
467	Jos.	Wurzer	Bonn	s.o.				88-91		238
468	Jacob	Zapf	Prüm	ornat.	18.12.1788			88		232
469	O	Zartman	Bonn	s.o.		87-91				231
470	Casp.Ant.	Ziegler	Bonn	ornat.	13.01.1791	90				248
471	P.	Zimmer	Francisc.	relig.	28.02.1788				87-91	231
472	Fra.Steph.	Zimmermann	Ehrenstein	reverend.	03.12.1789				89-91	242
473	J.M.J.M.	Zum Pütz	Köln/Bonn	ornat.	29.05.1788			88		237
	aus Bonn:101				**Summe:**	**132**	**78**	**196**	**110**	

in v.H.21%

Kategorie:

generosus	1
illustris	18
nobilis	2
nobilissimus	2
ornatus	275
praenobilis	40
Religiosus	26
reverendus	9

1776 Jan 22 Kurfürst Max Franz: Schulordnung für das Hochstift Münster[31]

Von Gottes Gnaden Wir Maximilian Friderich, Erzbischof zu Köln, des heil. röm. Reichs durch Italien Erzkanzler und Kuhrfürst, Legatus Natus des heil. apostolischen Stuhls zu Rom, Bischof zu Münster, in Westfalen und zu Engeren Herzog, Burggraf zum Stromberg, Graf zu Königsegg-Rottenfels, Herr zu Odenkirchen, Borkelohe, Werth, Aulendorf und Stauffen, etc. etc.

Thuen kund, und fügen hiemit zu wissen: Nachdem Wir seit dem Anfänge Unserer Regierung auf die Verbesserung des Schulwesens bedacht gewesen, auch von Unserem würdigen Domkapitel und treugehorsamsten Landständen mit rühmlichsten Eifer um eine vortheilhaftere Einrichtung desselben unterthänigst ersucht worden: So haben Wir schon seit dem Jahre 1770 die in folgender Verordnung enthaltene Lehrart in die Schulen einführen lassen. Da nun die Erfahrung erwiesen, daß die Vorschrift dieser Verordnung durch geschickte und eifrige Lehrer in den Schulen bewirket worden, und bey der öffentlichen Erziehung der Jugend den besten Erfolg gehabt habe; So befehlen <2> Wir hiemit gnädigst, daß dieselbe als ein beständiges Gesetz für die Schulen Unseres Hochstifts Münster gelten und öffentlich bekannt gemacht werden solle.

Urkund Unseres gnädigsten Handzeichens und beygedruckten geheimen Kanzeley Insiegels. Bonn den 22ten Jenner 1776.

Maximilian Friderich
Kuhrfürst.
L[ocus] S[igilli]
V[idi]t F[ranz] F[riedrich Wilhelm] von Fürstenberg [zu Herdringen, Minister]
A. F. Wenner.
<3>

Verordnung die Lehrart in den untern Schulen betreffend.

Einleitung.

Die Erfahrung, welchen Einfluß die Begriffe und Gewohnheiten, die der Mensch in der frühern Jugend zu Triebfedern seiner künftigen Handlungen sammelt, auf die Glückseligkeit seines Lebens, und auf das Wohl der Menschheit haben, veranlassete Erziehungsanstalten, und wenn man auch bey dem Entwurfe derselben an einigen Orten glücklich genug gewesen wäre, ihren Endzweck völlig zu erreichen, so bleiben doch die näheren Bestimmungen, die Zeit und Ort hier den allgemeinen Bedürfnissen geben, immer noch wichtig genug, nach den mancherley Verordnungen dieser Art, auch noch die gegenwärtige nöthig zu machen.

Die allgemeine Wohlthat die der Mensch seiner Erziehung soll zu danken haben, ist, daß ihm die Sp[h]äre seiner Thätigkeit erweitert, und die Art, sie zu beschäftigen nach ihren Werthe bestimmet werde. Sie soll seinen Verstand mit reelen Känntnissen bereichern, diesen den ganzen Umfang seiner Pflichten umfassen, und sein Herz fühlen lehren, daß nur ihre Erfüllung wahre Glückseligkeit ist, damit ihm Pflicht zur Neigung und Tugend zur Gewohnheit werde.

Aber die Natur macht der Erziehung dieses Gesetz schwer, da sie ihm Wesen mit so verschiedenen Graden von Fähigkeiten liefert: Wesen, auf die selbst ihre Absichten so äusserst verschieden sind. Die erste Vorsorge bey der Unterweisung sey also diese, daß keiner Art von Schülern das Nöthige zu ihrem Berufe entgehe, daß mit dem Ueberflüssigen keine Zeit verdorben werde, und daß, ohne das bessere Talent im Fortgange aufzuhalten, auch das Mittelmäßige den Unterricht vollständig geniesse.

Der öffentliche Unterricht soll dem Schüler Begriffe und Kenntnisse von Gott, von sich und seinen Pflichten, von den Wesen um ihn her, und von den Schicksalen der Menschheit verschaffen; Er soll ihn seine Begriffe prüfen vergleichen, und bezeichnen lehren. Der Gegenstand desselben sind also,

---

[31] Fundstelle: ULB Münster; urn:nbn:de:hbz:6:1-144615.

Religion, Sittenlehre, Psychologie, Naturkunde, Mathematik, Geschichte, Logik, Sprachkunde, Redekunst und Dichtkunst.

Alle diese Wissenschaften sollen in einer genauen Verbindung bearbeitet werden, so, daß, von dem ersten Schuljahre an bis zu dem letzten, der Unterricht eines jeden Jahres die Lehren des folgenden vorbereite, und unter sich selbst, eine jede Wissenschaft der anderen die Hand biethe, damit die Erkenntniß des Schülers von ihren ersten Gründen an, durch eine allmählige Entwickelung bis zur Vollständigkeit und Anwendung fortschreite. <4>

Religion und Sittenlehre.

Die Pflichten der Religion und Sittenlehre muß der Schüler in ihrem ganzen Umfange kennen. Der Lehrer bemühe sich also, in diesem Theile des Unterrichts so deutlich, so faßlich und vollständig zu seyn, als möglich. Er arbeite mit der Überzeugung, daß nirgends im ganzen Gebiethe menschlicher Kenntnisse eine Lücke, ein schwankender Begriff oder Mangel an Gründen von schädlicheren Folgen ist.

Die Religion soll nach Vorschrift des katechetischen Unterrichts gelehret werde und mit den Beweisen ihrer Wahrheiten rücke der Lehrer in gleichem Maaße mit der Fähigkeit der Schüler vor.

Vorzüglich hier vermeide er das Kalte, das Trockne des abstrackten Vortrags, der dem Schüler nichts zu denken noch zu empfinden giebt. Er belebe ihn mit Schilderungen aus der Geschichte und mit Anwendung auf individuelle Handlungen aus den Vorfällen des gemeinen Lebens {wobei er jedoch zu verhüten hat, daß seine Schüler in ihren Urtheilen nicht übereilt, nicht unbillig und nicht satyrisch werden} er löse Sätze in Bilder auf und führe umgekehrt diese auf jene zurück, damit er das moralische Gefühl des Schülers übe und verfeinere und ihm die Fähigkeit gebe, in jeder seiner eigenen Handlungen das Sittliche und Unsittliche zu erkennen; aber er beruhige sich nicht damit seinen Verstand unterrichtet zu haben: er suche von seinem Herzen die Gewisheit zu gewinnen, daß er seinen Lehren so strenge folgen werde als er sie deutlich erkannte.

Er wache also über das Herz des Schülers mit der ganzen Sorgfalt seines Berufs. Es sey seine ernstliche Sorge, jede Verführung, die den Unerfahrnen umschleicht, zurück zu schrecken, jede innere Hindernisse der Tugend zu ersticken oder auszurotten, daß ihn weder die Weichlichkeit die die Seele erschlaft, noch jener elende Geist modischer Kleinigkeiten fortreisse, der im Herzen, die er entnervet, Niederträchtigkeit, Selbstsucht, Unthätigkeit und die Keime der niedrigsten Laster ausbrütet. Er sey hier desto eifriger, jemehr dieser Geist der Kleinigkeit zum herrschenden Ton wird und je gewisser er hof[f]en darf, schon dadurch größtentheils dem Unheil der Lesung schädlicher Bücher vorzubeugen, als welche nur ein kleiner Modegeist, der darinn zu herrschen pfleget, empfiehlt, und deren Grundsätze fast nur in verwahrlosete Herzen durch Albernheit und Leich[t]sinn einschleichen. Er entlarve das Laster und zeige es in seiner schwärzesten Gestalt: aber kein leerer Schwall von Worten, keine künstlich gedrehte Sentenzen! Mit der ganzen hinreissenden Macht der intuitivsten Darstellung zeige er ihm die Abgründe, wo Geschöpfe ähnlichen Gefühls mit dem seinigen, unter den schrecklichen Folgen des Lasters sich winden und krümmen, daß der Jüngling, in jeder Nerve erschüttert, zurück bebe und verabscheue!

Und auch dann denke er immer noch wenig gethan zu haben, wenn er ihn vom Bösen abzog! Die Liebe zur Religion und zur Tugend muß in seinem Herzen selbst Leidenschaft werden, wenn sie seinen übrigen Leidenschaften das Gleichgewicht halten soll. Durch Vernunft und Offenbarung erhebe er ihn also bis zur Anbethung des höchsten Wesens, daß er seine Niedrigkeit, aber auch seine Würde fühlen lerne, und die Hofnung der Gnade ihn zwar innigen heiligen Schauer, aber mehr Liebe des Kindes, als Furcht des Sclaven lehre: Er enthülle ihm seine Bestimmung hienieden und für die Zukunft, und zeige ihm seinen Standort in der Schöpfung, daß er jedes Wesen um sich her als Mittheil des nämlichen <5> grossen Ganze lieben und schätzen lerne, und sein Wohl in dem Wohl der ganzen fühlenden Natur verschlungen fühle. Er zeige ihm wie die Religion ihm den Weg zur ewigen Glückseeligkeit abzeichnet und suche sein ganzes Herz für sie einzunehmen, aber er vergesse hierbey auch nicht ihn zu lehren daß der wahre Eifer der Religion ein Geist der Liebe ist, von Haß, Abneigung und Verfolgung weit entfernet.

Dann führe er ihn in sich selbst zurück, daß er seinen Zustand und in diesem den Zustand anderer erkenne, daß Schmerz und Vergnügen ihn tiefer und lebhafter rühren, und so bringe er ihn zu Scenen des Elends und der Freude! er lasse ihn selbst sehen und hören, wo er kann, und wo er nicht kann, keine Beschreibung, warme lebendige Darstellung! so werde die Empfindsamkeit des Jünglings erhöhet und ohne blöde Weichlichkeit zum schnelleren innigeren Gefühl seiner selbst im Nebengeschöpfe veredelt!

Diese Empfindsamkeit und jener große Gedanke seiner Bestimmung werden seiner Seele das Mark und die Festigkeit geben, daß ihm würdige Beschäftigungen zum Bedürfniß werden und sie mit brennender Sehnsucht Thaten der Größe entgegen strebe, aber zugleich auch die glückliche Biegsamkeit und Nachsicht der sich selbst fühlenden Menschenliebe. Nur vergesse der Lehrer nicht auch die Wahrheit zu predigen, daß die wahre Größe nicht an einem glänzenden Standort gebunden ist und daß auch die niedrigen Sphären des Lebens Stof für sie zur Thätigkeit haben!

Aber keinen dieser Endzwecke darf der Lehrer zu erreichen hoffen, wenn nicht sein eigenes Herz ganz Gefühl für die Erhabenste seiner Pflichten ist. Hier sey es mit Nachdruck empfohlen, daß er über jede Wahrheit, die er vortragen will, mit Anstrengung und Reife nachdenke. Sein Herz sey von der Würde seines Endzwecks und von der erhabenen Größe seiner Lehren durchdrungen, und dieses Herz glühe ihm auf der Zunge, daß er den Schüler unwiederstehlich, mit der ganzen Macht der Mitempfindung fortreisse.

Psychologie.

Die Absicht, daß der Schüler jede Wahrheit als Wahrheit lernen soll, fodert die früheste Bearbeitung der Psychologie die für den wichtigsten Theil menschlicher Kenntnisse als Grundwissenschaft anzusehen ist. Sie enthält die Gründe des Schönen und des Guten, und selbst die Regeln die die Logik dem Verstande als Bedingungen der Wahrheit vorschreibt, werden erst durch sie wahre Gesetze.

Aber mehr als jeder anderer Theil des Unterrichts fodert dieser die ganze Aufmerksamkeit des Lehrers auf seine Lehrart selbst. Alles, was er hier den Schüler durch Terminologie, bey der er sich nichts vorstellte, nichts empfand, lehren wollte, das hat er ihn gar nicht oder zu seinem Nachtheil gelehrt. Jeden Begriff muß dieser selbst empfinden: jede Wahrheit jedes Gesetz muß hier Erfahrung seyn. Statt einer Menge theoretischer Sätze führe der Lehrer ihn zu Erscheinungen, bey denen er beobachten und erfahren und von denen er die Gründe finden und angeben kann, damit hier das Beschwerliche des abstrakten Vortrags wegfalle! Er wird den Vortheil nicht verkennen, den er sich hier von der Geschichte versprechen darf, wenn er dem Schüler Aufgaben aus <6> der Geschichte giebt, um darum das Psychologische zu zeigen. Den Anfang mache der Lehrer mit den Erscheinungen, die die geringste Anstrengung der Aufmerksamkeit fodern. Mit dem, was die Sinne angehet, muß er ihn hinlänglich bekannt gemacht haben, ehe er ihn zur Einbildungskraft fortführt, und so muß er erst das ganze sinnliche Erkenntnißvermögen zergliedert haben, ehe er ihn auch das Abstrahirende kennen lehrt.

Hier wird der Lehrer zugleich die vortheilhafteste Gelegenheit finden, die natürliche Logik zu bearbeiten. Er zeige dem Schüler so oft er kann, und mit dem ganzen Nachdruck der eigenen Erfahrung, wie sehr der Schein trügt, wie leicht Herz und Einbildungskraft täuschen, und wie gefährlich jede Uebereilung für die Richtigkeit der Begriffe, der Beobachtung, und der Schlüsse ist. Auf das eigene dunkele Gefühl des Wahren und des Irrigen, mache er ihn aufmerksam, ohne Furcht, die Gränzen seiner Fähigkeiten zu überschreiten, aber mit der Gewißheit, daß er ihm dadurch den Vortheil einer gesunden und festen Beurtheilungskraft verschaffen wird.

Die Grade der Gleichartigkeit der verschiedenen Modifikationen der Vorstellungskraft und des Begehrungs-Vermögen machen in der Psychologie Tabellen nöthig.

Naturgeschichte.

Dem Schüler die Gegenstände bekannt zu machen, mit denen die Natur ihn umgab, sey eine der ersten Pflichten des Lehrers, daß er ihn früh jener sorglosen Unachtsamkeit, auf das, was um ihn her vorgeht, entwöhne.

Aber kein Schritt gehe hier über das Sinnliche hinaus: alles sey Natur oder Bild. Er zeige ihm jedes ihrer merkwürdigeren Produkte, und lehre ihn die Absichten ihres Daseyns, und die Veränderungen, durch die die Natur oder die Kunst diese Absicht erreichen. Auf die gemeineren einheimischen Gegenstände, die ihm täglich vorkommen, mache er seine Aufmerksamkeit zu erst rege, und sichre ihn dann durch die drey Reiche der Natur. Er nenne ihm ein jedes Produkt, und lehre ihn unterscheiden, wo die nähere Verwandschaft Verwirrung veranlassen könnte. Dann zeige er ihm, wie das Bedürfniß diese Produkte benutzt, oder wie die Kunst sie bearbeitet. Er zeige ihm beyde in der Arbeit und lehre ihn die Kunstgriffe und Maschinen kennen, die sie zu ihrem Endzweck erfanden.

Und wenn der Lehrer so die Kenntnisse des Schülers erweitert, so vernachläßige er die Vortheile nicht, die er zugleich auch seinem Herzen dabey geben kann; er führe ihn durch den Weg der Schöpfung zum Schöpfer selbst, und lehre ihn zugleich fühlen, wie nothwendig der Mensch dem Menschen ist.

Mathematik.

Auch ohne den besondern praktischen Nutzen, den die Mathematik im gemeinen Leben und in andern Wissenschaften gewährt, würde schon jener allgemeine Vortheil, den sie dem menschlichen Verstände überhaupt leistet, sie dem Lehrer zur frühesten Bearbeitung empfehlen.

Durch die genaueste Verbindung die ihr eigen ist, durch die Evidenz mit der sie jede ihrer Wahrheiten dem Verstände darbeut, soll der Lehrer das Gefühl <7> des Wahren bey dem Schüler schärfen, daß er auch bey anderen Wahrheiten sich nicht mehr mit dem Ungewissen beruhige, daß er in den Gang seines Nachdenkens und in die Entwickelung seiner Begriffe Deutlichkeit und Zusammenhang bringe, und in seinen Schlüssen und Beweisen von sich selbst Strenge und Gründlichkeit zu fodern lerne.

Dieser allgemeine Vortheil sey der Hauptendzweck des mathematisches Studiums, das in den fünf untern Schulen durch die ganze Elementarmathematik fortrücken soll, und diesem Endzwecke entspreche die Lehrart desselben die auch hier denen, die das Studiren nicht bis zu den philosophischen Klassen fortsetzen, den Vortheil verschaffen soll, aus den untern Schulen zu den Geschäften des gemeinen Lebens brauchbare Kenntnisse mitzubringen.

Es kommet also hauptsächlich darauf an, daß diese dem Schüler die Arbeit leicht und angenehm mache, ohne dabey von Seiten der Gründlichkeit nachzugeben.

Die Regeln der Rechenkunst soll der Lehrer Anfangs noch ohne Beweise vortragen, und dabey durch den Reitz einer mannigfaltigen Anwendung auf verschiedene Vorfälle im gemeinen Leben der Wißbegierde des Schülers zu schmeicheln suchen.

Auch in der Geometrie soll er im Anfänge sich bemühen, Begriffe und Beweise so viel als möglich sinnlich zu machen. Er lege dem Schüler Flächen und Körper vor Augen, und erkläre ihm so die vorkommenden Kunstwörter. Und wenn der Verstand des Schülers für die wahre[32] strengere Demonstration Stärke genug hat, sollen die weitläufigen Beweise Anfangs auf der Tafel hingeschrieben werden. Dann lasse der Lehrer im Vortrage des Beweises zuweilen eine Lücke, und fodere den Schüler auf, den Beweis zu beurtheilen und zu ergänzen. Ueberhaupt vermeide er mit der äussersten Sorgfalt das Mechanische, damit nicht blos das Gedächtniß plaudern lerne, wo der Verstand denken lernen solte.

Die Lehrsätze selbst trage der Lehrer nicht allemahl als ausgemachte Warheiten vor: der Gang seines Vortrags sey, so oft es ohne zu vielen Zeitverlust geschehen kann, der Gang der Erfindung, daß der Schüler jede neue Wahrheit als das Resultat seines Nachdenkens über das schon Bekannte mit zu erfinden glaube. Aber diese Lehrart fodert, daß der Schüler überall jedes Vorhergehende an sich und in seinem ganzen Einfluß auf das Folgende fasse, und zu diesem Endzweck gehe der Lehrer oft von einem neuen Lehrsätze durch alle Mittelsätze bis auf die ersten Grundsätze zurück und führe den Schüler umgekehrt von diesen wieder bis an die Gränzen fort, an die seine Kenntniß nun schon vorgerückt war. So wird es auch in der Anwendung der Algebra ein bequemes Mittel seyn, dem Schüler Scharfsinn zu geben, wenn er ihn oft darinn übet, gegebene Data selbst in Aequationen zu stellen. Und wenn auf diese Art ein Element oder ein ganzer Theil dieser Wissenschaft vorgetragen ist, dann sey dem Lehrer auch hier die tabellarische Methode empfohlen, die dem Schüler den Vortheil verschaffen wird, daß er sich an die Untersuchung gewöhne, ob die Materie ganz und vollständig abgehandelt sey.

Selbst den verschiedenen Graden der Fähigkeit sey die Lehrart auch in diesem Theile des Schulunterrichts angemessen! Dem schwächeren Kopfe soll der Lehrer die schwereren nicht unumgänglich nothwendigen Sätzen nicht aufdringen. Er begnüge sich damit, diesem die Theorie vollständig, aber mit Auslassung <8> der im Lehrbuche mit zween Asterisken bezeichneten Theoremen vorzutragen. Auch mit den Objekten der angewandten Mathematik, z. B. Hebel, Winden etc. soll er den Schüler im Grossen oder im Modell bekannt machen, um ihm dadurch zu der weitere gründlichen Erlernung derselben Lust zu machen.

Die Figuren sollen die Schüler sich selbst zeichnen, und diejenigen die Lust zeigen, Kenntnisse und Fertigkeit im Zeichnen zu erweitern, sollen dazu auf gemuntert werden: Schon dadurch wird der Schüler auf gewisse Art seine Theorie näher in Anwendung sehen; Denn auch hier soll der Lehrer es nicht

---

[32] In der Vorlage: mahre.

versäumen, dem Schüler zu zeigen was er für seine Arbeit bey einer jeden neuen Wahrheit gewann, wie sie ihm brauchbar und im gemeinen Leben nützlich werden könne. In der Geometrie zeige er ihm das Praktische ihrer Anwendung, und lehre ihn Ausmessungen untersuchen, und selbst anstellen.

Geschichte.

Sehr verschieden kann der Endzweck der Geschichte seyn, und da die Lehrart derselben diesem Endzweck entsprechen muß, so kommt hier alles darauf an, daß der Lehrer den wahren Gesichtspunkt fasse, aus dem er diesen Theil des Lehramts zu betrachten hat.

Die Geschichte zeigt den Menschen in Handlung, und die verborgensten seiner Triebfedern in Thätigkeit. Sie zeigt, durch welche Schicksale die Menschheit in verschiedenen Gegenden im Fortgang der Entwickelung aufgehalten oder fortgeholfen, was sie unter dem Drucke des Lasters, oder dem milden Einfluß der Tugend ward; Sie lehrt den Geist der Staats- und Privatgesetze kennen, und enthält die einzelnen Fälle, von denen die Politik ihre tiefsten Grundsätze abzog und ohne sie ist die Anwendung derselben wenig sicher. Aber diese Vortheile, die sie der Jurisprudenz und der Politik gewährt, möchten wol noch über die Fähigkeiten des Lehrers und des Schülers seyn. Jener wird in dieser Absicht genug gethan haben, wenn er hier nur das allgemein Wahre anmerkt; aber sorgfältig hüte er sich hier überhaupt durch übereilte Entscheidungen, und besonders in der vaterländischen Geschichte durch Anwendungen aufs Staatsrecht dem Schüler Unwahrheiten aufzudringen, die nicht ohne schädliche Folgen für ihn[33] seyn können!

Allgemeiner ist der Nutzen den die Geschichte der Religion und der Moral leistet; Und dieser sey der Endzweck in diesem Theile des Schulunterrichts! Das Sistem der Geschichte seye also kein chronologisches Gerippe, keine Galerie von Feldschlachten, und ähnlichen Details; Es kömmt nicht darauf an, daß der Schüler die Erbfolge der Könige von Mycene und Argos, oder alle kleine Aufstände und Scharmützel der Griechen auswendig lerne. Die Ordnung soll nicht nach dem Leben der Regenten sonderen nach den wichtigsten Revolutionen der merkwürdigsten Völker bestimmet, und die erheblichsten Begebenheiten anderer Völker, die auf jene Einfluß haben, als Episoden behandelt, die Chronologie aber, deren Verhältnisse sich auf die christliche *Aeram* beziehen, soll nicht als ein epineüses[34] Studium bearbeitet werden.

Hingegen müssen die Staatsverfassungen nach ihren vornehmsten Theilen im Großen auseinander gesetzt, die Charaktere, in denen der wahre Grund der glücklichen oder unglücklichen Begebenheiten liegt, nicht nur so, wie sie <9> waren, als sie handelten, sondern auch so wie sie das wurden, was sie waren, gezeichnet, und eben so jedesmal der Nationalcharakter, mit allen seinen Abänderungen und ihren Gründen entwickelt werden.

Aber hier vergesse es der Lehrer nie, wie gefährlich für die Jugend der falsche Reitz seyn kann, den die Größe und die Stärke des Handlenden Genie in seinen Ausschweifungen auch dem Laster giebt, damit er nicht die Geschichte zur Lehrerin praktischer Irrthümer erniedrige, da sie dem Jüngling die Pfade zum Verdienst und zur öffentlichen und Privatglückseligkeit und den ganzen Werth der Tugend und der Vaterlandsliebe zeigen sollte, um ihn zum guten Menschen und zum guten Bürger zu bilden! Wo also das Laster eine große Seele verunstaltete, da zeige der Lehrer diese Verunstaltung von der schwärzesten Seite und in ihren schrecklichsten Folgen.

Ins besondere müssen in der biblischen Geschichte die Strafen, welche der Herr über die Laster der Staaten und einzelner Menschen auch schon in dieser Welt verhängt hat, bemerkt, und die Begebenheiten, die in die Religionsbeweise einschlagen, besonders mitgenommen werden.

Die Kirchengeschichte soll dem Schüler im Großen nach ihren vornehmsten Epoquen mit der äussersten Richtigkeit vorgetragen, und als ein Grundriß, den ein jeder einst nach seinem verschiedenen Berufe brauchen kann, bearbeitet werden.

Die griechische und römische Geschichte muß ausführlich und am ausführlichsten die deutsche gelehrt werden, damit in dem Herzen der Schüler die Liebe des Vaterlandes angefacht und ernähret werde.

Diese Theile der allgemeinen Geschichtkunde soll der Lehrer als die hervorragenden Hauptgruppen in dem grossen Gemählde des Vergangenen ansehen, ohne doch zu vergessen, daß er dem Schüler dieses Gemählde ganz zeigen soll.

---

[33] In der Vorlage: ihr.
[34] Frz.: epineuse = heikel, knifflig.

Die Geschichte der übrigen Völker betrachte er also als minder wichtige Parthien, die aber doch, obschon nur im Schatten, zur Vollständigkeit und Einheit des Ganzen unendbehrlich sind.

Auch die Geschichte der Künste und Wissenschaften soll, so weit die Fähigkeit des Schülers ohne gründliche Festigkeit in der Philosophie es noch zuläst, nach den merkwürdigsten Revolutionen im Reiche der Gelehrsamkeit, vorgetragen werden.

Sehr nützlich wird es zu diesem Endzwecke seyn dem Schüler bey der Geschichte, so wie bey den übrigen Schulwissenschaften überall die Quellen und die besten Schriftsteller bekannt zu machen.

Geographie.

Die Geographie bearbeite der Lehrer zugleich mit der Geschichte. Der erst Schritt sey hier, daß er sich bemühe, den Schüler auch von dieser Seite mit seinem Vaterlande näher bekannt zu machen. Die Erklärung der Charte wird ihm zugleicht Gelegenheit geben, dem Schüler manches Merkwürdige aus der vaterländischen Historie, Natur und Kunstgeschichte beyzubringen.

Sonst erkläre er dem Schüler zuerst den Globus, damit er das Ganze und die vornehmsten Eintheilungen mit ihren Gränzen übersehe. Die Geschichte wird ihn alsdenn von selbst auf die Specialcharten führen; mit dieser soll die Geographie in gleichen Schritten fortgehen. <10>

Das Technische der mathematischen Geographie nehme der Lehrer mit, so bald er mit dem Unterrichte in der Mathematik weit genug vorgerückt ist, dem Schüler verständlich zu werden.

Anfangsgründe einer praktischen Logik.

Der Lehrer vergesse es nie beym ersten Unterrichte, daß Richtigkeit in Begriffen und Schlüssen die erste wesentliche Bedingung zur Brauchbarkeit menschlicher Kenntnisse ist; daß er aber auch diesen Vortheil in früherer Jugend nur umsonst durch die schwereren Regeln der gelehrten Logik zu erhalten suchen würde: daß hier vielmehr alles nur auf seine Lehrart ankomme, durch die er unvermerkt das Gefühl des Wahren bey dem Schüler ausbilden und stärken kann.

Er dringe ihm also keine Wörter auf, die ihm blos Wörter bleiben müssen: er soll ihn empfinden und denken lehren.

Die Begriffe, die der Mensch durch die äusseren Sinne erhalten muß, soll er dem Schüler durch Vorzeigung der Sache selbst, oder im Bilde, und jene, die für den inneren Sinn gehören, durch Aufmerksamkeit auf das, was in seiner Seele vergeht, verschaffen, und bey abstrackten Begriffen dem Gang des Verstandes nachfolgen, wie er sie von den sinnlichen abzog, und da er sie in der inneren Empfindung radiciret fand, allgemein und transcendent machte.

Hier überzeuge er sich selbst, daß es einem endlichen Verstande nicht vergönnt ist, eine große Menge bildlicher Begriffe auf einmahl zu fassen und zu bearbeiten, daß seine Schwäche ihm die Verkürzung seiner Operationen durch Abstraktion nöthig machte, um Verwirrung zu vermeiden, in den Wissenschaften fortzurücken, und bey der Anwendung mit Leichtigkeit und Ordnung zu handlen.

Daß aber auch die Abstraktion nie ihren Ursprung verleugnen darf, damit sie nicht in leeres Wortspiel ausarte, dem in der Seele nichts reelles mehr entspricht; daß das Bildliche, das Anschauende der Erkenntniß zur Wirksamkeit Leben und Kraft geben muß; daß es unter den schädlichsten Misverständnissen des Erziehers gehört, ein herrschendes Seelenvermögen zu unterdrücken oder zu schwächen, und daß man selbst von der feurigsten Einbildungskraft nichts zu fürchten hat, wenn man ihr nur Nahrung genug zu geben weiß, damit nicht einst in den Tagen der Leidenschaften eine einzige, die Seele des Jünglings so völlig frey, so von allen moralischen Empfindungen leer finde, daß sie sich ihrer ganz bemächtigen, und ihn mit allen seinen Kräften auf den einzigen Punkt ihres Gegenstandes hinreissen könne. So vermeide der Lehrer die beyden Abwege, wo von der einen Seite die Empfindung und von der anderen die Abstraction alles allein seyn soll.

Zur Richtigkeit im schliessen führe er ihn dadurch an, daß er ihn selbst Wahrheiten aus Erfahrungen folgern lehre. Die Uebungen in der Mathematik werden ihn hier unvermerkt weiter bringen, als sich von den abstrakten Regel der höheren Logik hoffen ließ.

Er lehre ihn Anordnungen gleichartiger Begriffe durch Tabellen, damit er sich an Deutlichkeit und Zusammenhang gewöhne, und die Verwandschaft seiner Begriffe zu übersehen lerne. <11>

Sprachen.

1. Ueberhaupt

Die Sprachen die in den Schulen gelehrt werden, sind die Deutsche, die Lateinische und die Griechische. Die Lehrer sollen mit Reife nachdenken, was schon dem menschlichen Verstand überhaupt, und was ins besondere dem Geschmack und dem Genie die Sprache ist, und mit dieser Betrachtung eine andere über den verschiedenen Entzweck der drey eingeführten Sprachen verbinden, damit ihnen weder die Wichtigkeit von diesem Theile des öffentlichen Unterrichts überhaupt, noch der verschiedene Grad der Cultur bey jeder Schulsprache ins besondere entgehe.

Alle bey Erlernung der Sprachen nöthige Themata und Uebungsstücke sollen der Bildung des Schülers zur Religion und Tugend mittelbar und unmittelbar entsprechen, und Lust zum Lesen soll durch Chrestomathien[35] und andere nützliche Bücher bey ihm angefacht und genährt werden.

2. Insbesondere

Deutsche Sprache.

Diese Sprache ist es, in der ein jeder Schüler denken und reden, ein jeder beym künftigen Berufe arbeiten, und ins besondere das künftige Genie sich zeigen soll. Sie vereiniget hiermit die Entzwecke der beyden andern Sprachen, und fodert also den höchsten Grad der Bearbeitung.

Schon die Aussprache soll der Lehrer zur Reinigkeit und Wahrheit zu bilden suchen; sie sey frey von Provincialfehleren und deutlich, daß der Schüler auch das Harte und Starke, nicht blos das Sanfte unserer Sprache, schon bey der ersten Zusammensetzung der Töne in Sylben und Wörtern, fühlen lerne. Er lehre ihn richtig lesen mit der Tonbildung nach Zeit und Empfindung, daß er sein Ohr schon früh an Tonmaaß, Wohlklang und Ausdruck gewöhne. Zu diesem Endzweck wähle er auch schon gleich Anfangs leichtere Verse.

Die ortographische Richtigkeit sey seine andere Sorgfalt. Mit der Theorie derselben nach den besten Musteren verbinde er die Uebung durch Dictiren und Nachsehn, und durch Verbesserung fehlerhafter Muster. Nach eben dieser Art lehre er ihn richtige Anwendung der Umendungen und Abwandlungen, und verbinde damit eine genaue Aufmerksamkeit auf den Gebrauch, den der Schüler auch im Reden davon macht..

Der Schüler hat schon vor den Schuljahren eine Menge von Wörteren, für eine Menge von Begriffen gesammlet, und sammlet täglich neue; aber die Art, wie er dazu kommt, läßt wohl nicht zu, daß das Verhältniß zwischen beyden immer seine Richtigkeit habe; Der Lehrer sey also selbst bey gewöhnlichen Unterredungen aufmerksam darauf, was der Schüler sagen wollte, und wie er es sagte, und berichtige seinen Wortgebrauch nach dem Sprachgebrauche, und zu diesem Endzwecke mache er ihn auf Synonimen und auf Etimologie aufmerksam. <12>

Die Bezeichnung seiner Gedanken sey im Einzeln richtig, aber auch in der Zusammensetzung deutsch, damit er früh den Vortheil erhalte, daß einst in seinen Reden und Schriften ächter deutscher Geist herrsche.

Er lehre ihn deutsche Wortfügung in Theorie und Ausübung; hier arbeite er mit doppelten Eifer, daß der Schüler die Festigkeit in seiner Muttersprache erlange, die ihn bey dem bald nöthigen Uebersetzen aus dem Lateinischen gegen Verwirrung und Latinismus schütze. Er lehre ihn den Werth der Wortfügung nach dem Ausdruck, nicht etwa nach der näheren oder weiteren Entfernung von der Lateinischen schätzen.

Lateinische Sprache.

Die lateinische Sprache soll die Sprache der Wissenschaften bleiben. Und zu dem soll der Schüler auch durch Vergleichung den Geist der deutschen Sprache tiefer kennen lernen, damit er sich früh versichere, daß jede Sprache ihr Eigenthümliches hat, und damit er auch bey anderen, die ihm vielleicht einst sein Beruf nöthig macht, Gewohnheit und Muster habe, ihren Charakter von dem Charakter der seinigen zu unterscheiden.

---

[35] Soviel wie: Textsammlungen, Lesebücher.

Beyde Betrachtungen, und die Dienste, die das Lateinische durch den ansehnlichen Vorrath von vortreflichen Werken der Alten und Neuern dem Verstande und dem Geschmacke leistet, werden für den Lehrer den Grad des Fleisses bestimmen, den er auf diese Sprache verwenden soll.

Er soll den Schüler, in der natürlichen Ordnung vom Leichteren zum Schwereren, mit der lateinischen Ortographie, Grammatik, und Wortfügung bekannt machen, und dann lehre er ihn diese bey den Übersetzungen mit der deutschen vergleichen, damit er das Eigene einer jeden fasse und unterscheide. Zu diesem Entzwecke soll er klassische Schriftsteller, von denen man klassische Uebersetzungen hat, wählen, damit die Uebersetzung des Schülers nach jenen verbessert werde. So lerne der Schüler daß Uebersetzen nicht Worte zwoer Sprachen austauschen, sondern Sinn und Ton übertragen heisse.

Eben so, aber sparsam lasse er den Schüler aus dem Deutschen ins Lateinische übersetzen, und eben so verbessere er seine Arbeit. So fallen Nachahmen und *Correcta* dictiren und mit ihnen hoffentlich eine reiche Quelle der Verderbniß in diesem Theile des Geschmacks weg.

Auch das Lateinischreden in den Schulen sey hiermit abgestellt, nur mit der Einschränkung, daß in den drey höheren Schulen alle öffentliche und mehrentheils auch die Privatübungcn in der Mathematik lateinisch bleiben, damit diese Sprache als wissenschaftlich betrachtet, dem Schüler desto geläufiger werde.

Griechische Sprache.

Diese Sprache, in der sich der menschliche Verstand so sehr zu seinem Vortheil, und das Genie in seinem höchsten Glanze gezeigt hat, ist dem schönen Geiste unentbehrlich, aber durchgehends dem brauchbaren Manne im gemeinen Leben nur nützlich. Die Betrachtung und die Absicht des öffentlichen Unterrichts werden dem Lehrer den Grad der Cultur für dieselbe angeben. <13>

Von dem untersten Grade, dem Lesen und Schreiben in der ersten Schule, schreite sie, durch eine abgemessene Vertheilung der Mittelgrade auf die Mittelschulen, bis zum Uebersetzen auserlesener Stellen aus dem neuen Testamente und leichterer Stücke aus dem Isokrates, Lucian, Xenophon, und anderer in der fünften, fort. Der Schüler soll sie verstehen lernen, aber die genauere Kenntniß ihrer Schönheiten und ihres inneren Wesens bleiben, wenn Lust oder Beruf ihn auffodern, die Frucht seiner eigenen Mühe.

Redekunst.

Regeln und Uebung zusammen aber keines einzeln genommen, bilden den Redner. Diese Bildung soll der Lehrer in den untern Schulen, zwar nicht vollenden, aber doch dem Punkte der Vollendung nahe bringen.

Regeln soll er so vortragen wie sie Regeln wurden; er soll zur Erkenntniß entwickelen, was das Genie aus Gefühl that. Wenn er also den Schüler mit Mustern bekannt gemacht hat, die ihren Endzweck auf den Verstand oder auf das Herz erreichten, und wenn er ihn dieses hat fühlen lehren, dann untersuche er mit ihm, oder ihm vor, wie sie ihn erreichten;

Ziehe dann allgemeine Bemerkungen ab, und suche endlich Gründe dafür in der Seele auf, daß er Bemerkungen zu Regeln erhebe. Aber Regeln, die er nicht als Regeln vortragen kann, soll er gar nicht vortragen; also weder einseitige oder unvollständige Abstraktionen, noch wirkliche Regeln, deren Gründe für den Schüler zu tief liegen: weder Pedantereyen, noch Machtsprüche.

Statt der weitläuftigen Vorschriften von Uebergängen und Verbindungen, die die Natur durch Empfindung sicherer als die Kunst durch Regeln lehrt. – Statt einer steifen Periodologie und einer ängstlichen Abzählung der Glieder. – Statt des ewigen Gedrehes in Figuren und Tropen, führe er den Schüler an die wahren Quellen des Schönen, und lehre ihn den Werth der Natur und ihrer edlen Einfalt in den besten Werken der Alten und Neuern kennen; Er lehre ihn Größe, Stärke und Schönheit in den Gedanken, und dann die Wirkung der Einkleidung und die Verschiedenheit des Stils unterscheiden, und so die nöthigsten Regeln von Wahl und Stellung der Wörter zur Harmonie, von Verbindung der Glieder, vom Gebrauche der Wendungen der Figuren und Tropen, ihrer Wirkung und Anwendung nach ihrem Einfluß auf den verschiedenen Endzweck der Elocution.

Aber gleich mit dem Vortrage der Regeln soll der Lehrer die Uebung verbinden. Die Vorübungen sind dreyerley Art: Beschreibung, Vortrag der Wahrheit, Sprache der Leidenschaften. Im Allgemeinen sey es ihm hier anbefohlen, daß er den Schüler gleich daran gewöhne sich ganz in seinen Gegenstand hinein zu denken, damit er ihn aus seinem wahren Geschichtspunkt betrachte, und ohne auf Nebenwegen einem falschen Schimmer nachzulaufen, gerade auf sein Ziel fortgehe, und sich gleich weit von Geschwätzigkeit und falschem Witze entferne; aber sorgfältig unterscheide er Ausschweifungen von dieser Art, von jenen einer reichen Einbildungskraft in ihrem jugendlichen Feuer, daß er diese nicht durch Trockenheit entkräfte oder unterdrücke. <14>

Bey der Wahl der Gegenstände selbst sehe der Lehrer auf den doppelten Endzweck zu lehren, und zu unterhalten, damit bey der Bildung des Verstandes auch zugleich das Herz gewinne.

Den Stof zur Ausarbeitung soll er dem Schüler erst schriftlich dann mündlich aufgeben, und zuletzt ihm Erfindung, Auswahl und Anordnung selbst überlassen. Die Ausführungen selbst, die mehrentheils deutsch sind, vergleiche er bald untereinander und bald mit Mustern von entschiedenem Werthe; Aber bey der ersten Methode sey es seine äußerste Sorgfalt, daß er nicht an dem Herzen der Schüler verderbe, was er an ihrem Verstande verbesserte, und in jenes von der einen Seite Stolz, von der andern Verstockung und von beyden Eifersucht einschleiche.

Insbesondere führe der Lehrer bey Beschreibungen den Schüler von leblosen einfachen Gegenständen zu den zusammengesetzten, und dann zu Empfindungen, Leidenschaften, Handlungen, Charaktere fort.

Gegenstände der ersten Art gibt ihm theils die Natur, theils auch die Geometrie, durch die der Schüler schon früh Begriffe von Linien und Flächen, und zum theil von Körpern erhält; Wenn er mit der Naturgeschichte bekannt ist, und ihm die Maschinen vorgezeigt worden, so hat er einen neuen Stof zu Beschreibungen, denen er alsdann, da ihm diese Zeit über die Zeichenschule offen steht, das Bild der erklärten Maschine beylegen könnte.

Dann folgten zusammengesetzte Gegenstände: reizende Aussichten, ländliche Gegenden, Scenen des Elends und der Freude, und endlich wenn allgemach auch die Psychologie den Schüler der Kenntniß des Menschen näher gebracht hat, Schilderungen individueller Handlungen, Empfindungen, Leidenschaften, und Zeichnungen ganzer Charaktere.

Ueberhaupt aber muß bey den Beschreibungen der Lehrer darauf Acht haben, daß bey sinnlichen Objecten, die Merkmale allezeit sinnlich, nie abstract oder negativ und bey inneren Empfindungen aus dem Innern hergenommen werden; Doch ist bey diesen die Vergleichung mit dem äußerlich Sinnlichen nöthig und der figürliche Ausdruck oft unentbehrlich.

Bey den Uebungen im Vortrage der Wahrheit soll der Lehrer mit der äußersten Sorgfalt vermeiden, Gegenstände bearbeiten zu lassen, die dem Schüler nicht völlig bekannt sind, damit er ihn nicht gewöhne, von Sachen zu plaudern, die er nicht versteht.

Dann lehre er ihn den verschiedenen Ton nach dem verschiedenen Endzweck, den die Wahrheit auf den Verstand oder auf das Herz hat: Die Sprache der Moral und des wissenschaftlichen Vortrags; Er gewöhne ihn an Ordnung, Simplicität und Precision.

Die letzte Uebung, weil sie die schwerste ist, sey die Sprache der Leidenschaften.

Hat der Lehrer den Schüler früh mit sich selbst bekannt gemacht, hat er sein Herz zur schnellen Mitempfindung ausgebildet, so wird er ihn hier bald den Unterschied der Sprache und der Beschreibung der Leidenschaften fühlen lehren.

Er zeige ihm diesen noch näher in den Mustern der besten griechischen, deutschen und englischen Schauspieldichter.

Und ist der Schüler endlich in der Psychologie so weit vorgerückt, daß er den Zustand der Seele in dem Momente der Empfindung deutlicher kennt, so <15> wird er die Gründe jener Wärme, und jedes anderen Zuges, der der Sprache des Herzens eigen ist, von selbst einsehen.

Es ist sonst ein sehr gewöhnlicher Fehler nicht blos eines Anfängers, oft selbst unserer besten Schriftsteller, daß sie eine Empfindung auszudrücken glaubten, wo im Grunde doch blos ihre Einbildungskraft spielt. Ein Schwall von Worten, die der wahren Empfindung fremd sind, verräth es deutlich, daß sie an statt zu empfinden, oder eine Empfindung gegenwärtig zu haben, blos mit Einbildungskraft und Gedächtniß arbeiteten.

Wenn die Lehrer diese Vorübungen recht nutzen, und Gegenstände von unmittelbarem Einflüsse ins moralische Gefühl wählen, so ist dieses die wirksamste Art, dieses Gefühl zu bilden, und der ganzen Denkungsart des Jünglings ihre wahre Richtung zu geben.

Der Form nach geben diese drey Arten Stilübungen Gelegenheit zu Briefen, Erzählungen und kleineren Reden.

Bey den Briefen soll eine sichere Urbanität und selbst das Mechanische des Ceremoniels und der Titulatur nicht vernachlässiget werden, doch so, daß der Schüler das letztere nicht nach dem Werthe der

Höflichkeit schätze, sondern sich nur einer durch Allgemeinheit und Verjährung nothwendigen Gewohnheit unterwerfen lerne. Der Stof der Briefe kann sich über die gewöhnlichen Vorfälle des Lebens auch auf moralische und andere Wahrheiten ausdehnen.

Bey den Erzählungen schreite der Lehrer von den einfachsten Gelegenheiten zu den rednerischen fort. Er sehe darauf, daß der Schüler anstatt aus dem Gedächtnisse zu declamiren, was er gesehn und gehört hat, so erzähle, wie ers sah und hörte, daß er auch die individuellsten Züge fasse und die Darstellung nicht verfehle. Kleinere Reden sollen mehrentheils moralischen und zuweilen scientifischen Inhalts seyn. Die Regeln der höheren Redekunst sollen hier nur als Vorbereitungen angegeben werden.

In so ferne das gemeine Leben einen Redner erfodert, werden die bisher angegebenen Uebungen dem Schüler von Anlage die gehörige Richtung gegeben haben, und die fernere Vollendung, deren Notwendigkeit sich grossen Theils auf die Kanzel einschränkt, fodert mehr Philosophie, als der Schüler noch lernen und mehr Zeit, als er gemeinnützigem Kenntnissen entziehen kann.

Für künftige Prediger hat man also zu diesem Endzweck einen eigenen Lehrer angeordnet, der ihnen, nach den beyden Jahren der Philosophie, die Gründe der geistlichen Beredsamkeit vortragen soll.

Dichtkunst.

Die doppelte Wahrheit, daß es einem Dichter nicht erlaubet ist, mittelmässig zu seyn, daß aber jede Verfeinerung des Geschmacks an den Werken des Genie die Empfindsamkeit erhöhet und veredelt, sey die Richtschnur bey diesem Theile des öffentlichen Unterrichts! Die erste schließt alle Uebung der Schüler in diesem Fache in der lateinischen Sprache aus, und selbst in der deutschen, wenn sich nicht ein besonderes Talent zur Dichtkunst hervorthun solte. Desto nachdrücklicher wird die zweyte jener Wahrheiten es dem Lehrer empfehlen, daß er auch hier den Geschmack der Schüler mit der äussersten Sorgfalt zu bilden suche. <16>

Er soll ihn also mit den besten Producten des dichterischen Genie in den vorzüglichsten Arten der Dichtkunst bekannt machen, und ihn den Werth derselben, das Erhabene und das Schöne in den Gedanken und in der Einkleidung fühlen lehren.

Dann lege er ihm auch mittelmäßige und schlechte Stücke zur Beurtheilung vor, damit er seinem Geschmacke Schärfe und Festigkeit gebe.

Poetische Aufsätze in beyden Sprachen lasse er ihn oft in eine reine und richtige deutsche Prosa umgiessen, und hernach mit dem Gedichte vergleichen, damit er das Eigene des poetischen und prosaischen Stils, und wie viel Gedanken und wie viel Ausdruck dazu beytragen, unterscheiden lerne, und sich durch keinen poetischen *Nonsense* verführen lasse.

Er lehre ihn Tonmaß und das Mechanische der Versification, und trage ihm die vornehmsten Regeln der Dichtkunst überhaupt, und jeder ihrer Arten ins besondere, so wie die Regeln der Redekunst vor.

Aesthetik.

Hat der Lehrer durch vorzügliche Muster in der Redekunst und Dichtkunst die innere Empfindung des Schönen bey dem Schüler genährt, und mit ihm in jenen die Eigenschaften aufgesucht, die dieser Empfindung schmeichelten, so zeige er ihm die letzten Gründe dieses Wohlgefallens in dem, was ihn die Psychologie von der Seele und von den Quellen der angenehmen Empfindungen überhaupt gelehrt hat.

Dieses sey der Gang der Lehrart in der Aesthetik! Also keine zweydeutige Grundsätze, aus willkührlichen Definitionen, die den Geschmack verführen, und das Genie einschränken: der Lehrer soll die Empfindung des Schülers entwickeln, aber nicht weg philosophiren.

Jede Regel des Schönen behalte das Gepräge ihres Ursprungs: jede sey das Resultat einer sorgfältigen Vergleichung verschiedener Muster von klassischem Werthe, das also durch eine Art von Induction allgemein würde.

Allgemeine Anmerkungen.

Die Schulbücher.

In den Schulen des hiesigen Hochstifts werden zum Unterrichte keine andere Bücher gebraucht als jene, die zu diesem Endzweck ausdrücklich verfertiget oder angewiesen sind.

Die theoretischen Schulbücher sind so eingerichtet, daß die Sätze, die jedem, auch dem mittelmäßigen Verstande angemessen sind, schon für sich ein jedesmahl hinreichendes Ganze ausmachen; die beschwerliche Sätze hingegen mit einem besonderen Zeichen bemerket sind. Die Lehrer werden die Absicht dieser Einrichtung einsehen, und, dieser gemäß die Sätze der ersten Art Anfangs allein erklären, und die andere nachher allenfals bey der Widerholung mitnehmen. <17>

Die Chrestomathien liefern dem Schulunterichte ausgesuchte Stücke aus den bewehrtestcn griechischen, lateinischen und deutschen Schrif[t]stellern, nicht etwa blos als Muster zur Bildung des Stils; auch ihrem inneren Werthe nach sollen die Lehrer diese Stücke für den Verstand und das Herz des Schülers benutzen.

Mit Auslegungen soll der Lehrer den Schüler weder übereilen noch überhäufen; hat er selbst lesen gelernet, so mag er lesen, was nicht erklärt wird.

Auch könnte dieses als der Stof zu den sogenannten Kompositionen *pro Magistratu* benutzt werden.

Den Lehrer selbst wird ein fleissiges Studium dieser Chrestomathien empfohlen, und das Resultat dieses Studiums, ihre Bemerkungen über die verdeckteren Schönheiten oder den minder auffallenden Nutzen einzelner Stücke sollen sie dem Director des hiesigen Gymnasiums schriftlich mittheilen, damit aus diesen Privatcommentarien mit der Zeit ein Hauptcommentar zum Gebrauch der Lehrer aller Gymnasien zusammengesetzt werden könne.

Zu diesem Endzwecke wird ihnen monatlich in Stück aus den Chrestomathien zu commentiren aufgegeben werden. Nur daß es mit diesen Commentarien nicht auf die gewöhnliche Notenmacherey hinaus laufe.

Zuerst untersuche man den Endzweck des Schriftstellers im Ganzen und den Ton im Verhältnisse zu diesem Endzweck: dann den Plan, die Mittel und ihre Anordnung, die Gedanken und ihre Stellung, und die einzeln Schönheiten des Details, die Wendungen des Stils, das Schöne, das Erhabene, das Naive, das Rührende, und ihre Gründe in den Gedanken und in dem Ausdruck, und endlich den Nutzen den das Stück der Moral oder der Kenntniß des Menschen leisten kann.

Und wo den Lehrern selbst bey ihrer eigenen Lectüre Stellen auffallen, die dem Endzwecke der Chrestomathien vorzüglich entsprechen, da sollen sie diese zur Verbesserung der Chrestomathie, jenen Commentarien beylegen.

Auswendig lernen.

Mit auswendig lernen soll der Lehrer den Schüler nicht überhäufen. Es muß ihm kein leerer unbedeutender Ton seyn, er muß es begriffen haben, was er lernen soll.

Unter den Mittel, dem Gedächtniß zu helfen, sey dem Lehrer vorzüglich die tabellarische Methode empfohlen, die dem Schüler auch künftig im geschäftigen Leben die wesentlichsten Vortheile gewähren wird. Zur Uebung lasse er ihn bald die Data selbst auslesen, und zur Tabelle bringen, und bald umgekehrt aus Tabellen Aufsätze ableiten; Nur vergesse es der Lehrer nicht, daß der Schüler begreifen muß, was er in Tabellen ordnen, und daß er nicht aus Tabellen lernen, sondern das Gelernte in Tabellen eintragen soll.

Unterredungen.

Der Schüler soll nicht allein reden, er soll auch hören lernen; In den Schulen wenigstens soll jene Unart nicht mehr ernährt werden, die <18> nicht nur in Scholastischen Hörsälen, selbst im gesellschaftlichen Leben die verdrieslichen Auftritte so gewöhnlich macht, wo Leute, die sich nicht verstehen, oder nicht verstehen wollen, über Sachen zanken, über die sie im Grunde einerley oder gar nicht denken. Um diesen Fehler, er liege im Verstande oder im Herzen, zu verbessern, sey es dem Lehrer eine ernsthafte Sorge, daß die Schüler den Gegenstand ganz fassen, von dem die Rede ist, daß sie ihn und sich selbst untereinander zu verstehen suchen! Der Lehrer selbst höre den Schüler gerne an, damit er ihn durch sein eigenes Beyspiel daran gewöhne, selbst verständlich zu seyn, und nur über das Verstandene zu reden.

Oeffentliche Uebungen.

So werden die öffentlichen Auftritte, die dazu bestimmet sind, dem Schüler Gelegenheit zu einem unverdächtigen Beweise seiner Geschicklichkeit zu geben, nicht mehr zu lächerlichen Auftritten einer schreyenden Rechthaberey herabgewürdiget werden. Aber auch jene Charlatanerie, die der Unwissenheit durch mechanische Kunstgriffe einen Antheil an dem öffentlichen Beyfall zu verschaffen weis, sey daraus verbannt. Eine vorläufige Prüfung bestimme die Wahl der Schüler zu diesen Auftritten, aber keine vorläufige Austheilung der Sätze vereitele ihre Absicht. Ein jeder sey auf alle gefaßt. Auch sollen ihrer nicht zu viele seyn, damit ihnen die Gelegenheit, sich zu zeigen, nicht entzogen werde.

Auch gegen jenes schüchterne Wesen, jene kindische Blödigkeit, die oft in dem Aeusserlichen der Jugend zu herrschen pflegt, können und sollen diese öffentliche Auftritte als Gegenmittel angesehen werden. Und in dieser Absicht sey es den Proponenten empfohlen, durch keine Uebereilung, durch keine überraschende Spitzfindigkeit den Schüler aus der Fassung oder zur Schamröthc zu bringen, aber auch eben so sehr, ihm nie die geringste Frechheit zu erlauben.

Belohnungen und Strafen.

Strafen und Belohnungen sind vom Lehramte unzertrennlich; aber je gefährlicher von beyden der Mißbrauch wird, desto nachdrücklicher werden es sich die Lehrer empfohlen seyn lassen, nie den wahren Endzweck derselben aus den Augen zu verlieren.

Belohnungen sind nur für Sitten und Fleiß, nicht für Talente. Sie sollen nur die Seele des Jünglings ermuntern, und stärken, daß sie nicht im Arbeiten erschlaffe. Nie gebe der Lehrer ihm Anlaß, diese Absicht zu verkennen, daß er nicht anfange, das für den Endzweck seiner Bemühungen zu halten, was nur Mittel zu seiner Aufmunterung seyn sollte.

Ueberhaupt muß man den Schüler angewöhnen den Willen des Allerhöchsten, der seine Glückseligkeit an die Bildung seiner Seele band, als den größten Bewegungsgrund zur Anstrengung anzusehen, damit auch selbst die Aussicht auf künftige Beförderung ihm nie Hauptzweck werde

Eben so behutsam sey der Lehrer, wo ihm Fehler oder Laster zum Strafen auffodern. Die Strafe selbst sey dem Grade der Sittlichkeit angemessen, <19> und wo möglich von der Art, daß der Fehlende in der Strafe selbst seinen Fehler fühle. So sey zum Beyspiel die Strafe der Lüge der Verlust des Zutrauens.

Mit körperlichen Strafen sollen die Lehrer so sparsam seyn als möglich, und, wo sich ein Schüler nur durch diese will leiten lassen, da werde er, ohne alle Rücksicht auf Stand und Herkommen aus den Schulen gewiesen.

Leibesübungen.

Die Ergötzlichkeiten des Schülers sollen Leibesübungen seyn, Spiele oder Arbeiten die seinen Körper biegsam und stark machen.

An den bestimmten Spieltagen also soll jeder Lehrer seine Schüler ins Freye hinaus führen, und keinem ohne hinlängliche Entschuldigung erlauben, den Spielplatz zu versäumen.

Eine Nebenabsicht dieser Versammlungen, aber doch wichtig genug, daß der Lehrer sie nicht vernachlässige, ist die Gelegenheit, die er hier finden wird, seinen Schüler näher kennen zu lernen, ihn zu gesellschaftlichen Tugenden, zur Höflichkeit und zur Freundschaft zu gewöhnen, und unbemerkt, durch mancherley Beobachtungen mit der Natur bekannt zu machen.

Für die philosophische Klassen.

Einleitung.

Das Studium der Philosophie soll nicht dazu mißbraucht werden, den Verstand der Jugend mit leeren Spekulationen zu beschäftigen; die abstrakteren Theile derselben sollen die praktischen vorbereiten, und diese nach ihrem unmittelbaren Einflüsse auf Pflicht und Glückseligkeit bearbeitet werden.

Man behandele also die Philosophie als die Grundwissenschaft aller übrigen; Und die Lehrart habe hier die doppelte Eigenschaft, daß sie dem Jüngling Fähigkeit und Muth gebe, dem höchsten Grade der Vollkommenheit hinan zu streben, und daß sie ihm zugleich die Anwendung ihrer Wahrheiten auf die übrigen Kenntnisse bekannt mache! Sie sey also vollständig gründlich und anwendbar.

Vollständig, aber nicht überladen mit Hypothesen und unnützen Spitzfindigkeiten; Sie mache dem Schüler die nützlichen Wahrheiten, nach Maaß ihrer Wichtigkeit bekannt.

Gründlich! Daß der Schüler die Lehrsätze und ihre Beweise deutlich einsehe! Wo also die Hauptbegriffe der Sätze ihm nicht von selbst geläufig sind, da müssen sie bis in die ersten Begriffe aufgelößt, so wie die Beweise bis auf die ersten Grundwahrheiten zurück geführt werden.

Vorzüglich vermeide der Lehrer jene gefährliche Prahlerey, die oft einen Satz mit einem Grade von Gewisheit ankündiget, den er nicht hat oder noch nicht hat. <20>

Er nehme als wahrscheinlich an, wo der Mangel bestättigter Erfahrungen keine Gcwisheit zuläßt. Bey den Regeln beruhige er sich nicht damit, sie in ihrer Allgemeinheit vorgetragen, und ihre Begriffe deutlich entwickelt zu haben: er gebe ihnen auch alle nöthige Bestimmungen zur wirklichen Anwendung; Wo also eine Regel in den besonderen Arten ihrer Fälle besondere Bestimmungen fodert, da soll er sie durch alle diese Arten durchführen, damit bey der individuellen Anwendung keine Schwierigkeit übrig bleibe.

Anwendbar! Der Lehrer überzeuge sich, daß anwenden können dem Wissen seinen wahren Werth geben muß. Er vergleiche den Werth der griechischen Philosophie mit dem Werthe der unsrigen, und wenn er sich überzeugt hat, daß diese über jene in der Theorie kaum so viel gewonnen als umgekehrt an praktischem Einflüsse verlohren hat, dann vergleiche er die Lehrart ihrer Philosophen mit jener der neuern: Wie jene, z. B. Socrates, in seinen Unterredungen, in den Schriften seiner Schüler, jede abstrakte Wahrheit einer minder entwickelten Theorie fast überall mit Anwendung aufs Individuelle verbanden, diese eine weit abstractere Theorie, die also auch in der Anwendung um eben so vieles schwerer ist, ohne Zurückführung aufs einzelne vortragen; Und er wird finden, daß wenigstens ein grosser Theil der Schuld auf die Lehrart fällt, wenn wir in unseren Tagen, bey aller Erweiterung der Theorie, jenen allgemeinen philosophischen Geist der Griechen in Wissenschaften und Geschäften und den Einfluß ihrer Kenntliche in das ganze System ihrer Handlungen vermissen.

Der mündliche Vortrag ersetzt diesen Fehler nicht allemahl: Und die Folgen davon! Der Jüngling, unbekannt mit den Vortheilen seiner Mühe, erkaltet, die Philosophie wird als ein Studium ohne Nutzen verachtet, und trägt also die Last eines Vorwurfs, den nur eine übel verstandene Lehrart derselben verdienen konnte.

Anwendbar wird die Lehrart seyn, wenn sie dem Schüler

1tens eine Fertigkeit, die gründlich erlerneten Grundsätze und Regeln anzuwenden,

2tens die Ueberzeugung, die Erfahrung, daß diese Fertigkeit von wirklichem Nutzen ist, und

3tens einige Bekanntschaft mit Gegenständen verschaft, die nicht mehr innerhalb der Gränzen der philosophischen Disciplinen liegen, aber doch Anwendung derselben leiden oder fodern.

Fertigkeit zur Anwendung erhält der Jüngling nicht ohne raisonirende Uebung. Der Lehrer behandle also die wesentlichsten Theile der Philosophie socratisch: Lehrsätze betrachte er, wo er kann, als Aufgaben, und finde sie mit dem Schüler. Auch von Seiten der Gründlichkeit wird er dadurch ungemein gewinnen; Nur das wird er selbst einsehen, daß er nicht die Zeit damit verlieren soll, jede *Corollaria*[36] so zu behandeln. Die wahre socratische Lehrart sey sein ernstliches Studium, damit die seinige weder in eine unfruchtbare Fragenmethode noch in eine zeitverderbende Geschwätzigkeit ausarte.

Die Lehrbücher der philosophischen Wissenschaften werden selbst so ausgearbeitet, daß sie den Schüler überall Beyspiele der Methode vorlegen, wie man aus bekannten Wahrheiten die unbekannten

---

[36] Hier sovielwie: Zusatz, Anhang.

gefunden. Diese Einrichtung wird ihm Fertigkeit zur Anwendung und zugleich den Vortheil geben, daß er sich die Lehrsätze des Elementarwerks besser einpräge.

Bey allen diesen Uebungen denke der Lehrer stets daran, daß die Fähigkeit, das Verhältniß zwischen *Datis* und *Quaesitis* zu fassen, die erste Grundlage <21> des Erfindungsgeistes ist. Er führe den Schüler also vorzüglich dazu an, daß er Anlässe zu Nutzen lerne, um *Data* zu finden, und einsehe, welche Verhältnisse in den *Datis* liegen, und was sich daraus weiter folgern läßt; Auch zeige er ihm, auf welche Art Männer, denen viele *Data* bekannt waren, oder welche zuverlässige Anlässe zu benutzen wusten, durch die synthetische Methode zu Entdeckungen gelangt sind: Wie diese Methode sie oft auf die ersten Spuren, und dann die analytische zu höheren Entdeckungen geführt hat, und daß wir dieser Art zu erfinden mehrere Entdeckungen als der analytischen zu danken haben. Doch soll er ihn mit der analytischen Methode als der sichersten, um zu dem Gesuchten zu gelangen, vorzüglich bekannt machen. Von dieser ist man selbst Meister, an jener hat der Zufall sehr vielen Antheil.

Behandelt der Lehrer auf diese Art mit dem Schüler die Geschichte der Erfindung, zeigt er ihm wie die einfachsten, Anfangs wenig bedeutend scheinenden Wahrheiten, besonders in der Mathematik, Physik und Psychologie, unter der Bearbeitung eines philosophischen Geistes an neuen Wahrheiten so fruchtbar geworden, macht er ihm so die Vortheile der Methode, und die Harmonie der Wahrheiten bekannt, so wird ihn die Schönheit dieser Entdeckung selbst einnehmen, das Beyspiel und der Ruhm jener grossen Männer, die sich dadurch zu Wohlthätern des menschlichen Geschlechts erhoben, wird ihn aufmuntern, Uebung wird ihm Fertigkeit geben, die Kräfte seines Geistes stärken, und ihn gegen den Verdruß, und gegen jede Beschwerlichkeit langwieriger und tiefsinniger Untersuchungen abhärten! Und so wird der Lehrer dem 2ten Erforderniß einer anwendbaren Lehrart genug thun.

Die Bekanntschaft mit den verknüpften Wissenschaften ist vorzüglich aus dem Grunde nöthig, weil in diesen oft zu sehr die Verbindung mit der Philosophie vernachlässiget wird. Der Schaden, den in den Wissenschaften zuweilen philosophische Theorien, die nur auf Hypothesen gegründet waren, angerichtet haben, hat die Folge gehabt, daß man sich jetzt fast durchgehends zuviel von den Theorien entfernet, auf die sogenante Praxis sich verläßt, auf Erfahrungen einschränkt, und eben dadurch den wahren Nutzen der Erfahrungen vermindert.

Der Lehrer suche also den Schüler mit den ersten Begriffen folgender Disciplinen in sofern sie mit der philosophischen unmittelbar verbunden sind, bekannt zu machen! Er kann so gar hierin weiter vorrücken, um diejenige, die ihre künftige Bestimmung einst zu diesen Wissenschaften rufen wird, zu einem gründlichen Studium geschickt zu machen.

Auch mittelmässigen Talenten wird ein Unterricht von dieser Art anpassend seyn; nur daß der Lehrer diese mit verschiedenen zu beschwerlichen Sätzen und Beweisen verschone, und ihnen die leichteren, die doch ohnehin in der Anwendung am meisten vorkommen, geläufig zu machen, und den Beobachtungs- und Untersuchungsgeist nach dem Grade ihrer Fähigkeit beyzubringen suche.

Mit dem Geschencke eines wahren philosophischen Genie ist die Natur sehr sparsam. Dieses fodert das Talent, Erscheinungen, die ein anderer kaum bemerkt, Anlässe und glückliche Einfälle auch in abstrakten Wissenschaften, die oft von keiner Wichtigkeit scheinen, zu nutzen. Aber wiederum fodert auch dieses einen großen Vorrath philosophischer Begriffe, und unter demselben eine glückliche Verbindung zur Erinnerung und Anwendung: eine weitläufige Erkenntniß der Wahrheiten, die noch aufzusuchen wären, und der Wege, die <22> ungefähr dahin führen könnten, und dann eine sehr ausgedehnte Fähigkeit, *abstracta in concreto* u[n]d *concreta in abstracto* zu sehen. Genies von dieser Art haben ihren eigenen Gang; der mit ihrem ganzen Gedankensystem im Verhältnisse steht. Sollte inzwischen dem Lehrer das Glück beschieden seyn, ein aufkeimendes Genie unter seinen Zuhörern zu entdecken, so wäre dieses auf alle Art zu ermuntern, die Mühe, desselben nach seiner Art zu pflegen, seine eigenthümliche Wege auszuspähen, auf diesen Wegen mit ihm herum zu wandeln auch so gar mit ihm herum zu irren, würde der entscheidenste Vortheil ersetzen. Auch ein einziges kann Epoque machen, und durch seinen Einfluß in dem ganzen System der Wissenschaften eine Revolution hervor bringen, die sich für das Wohl des menschlichen Geschlechts bis auf die späteste Nachwelt verbreitere.

Anmerkungen zur praktischen Lehrart.

Dem Schüler auch hier Arbeit und Fortgang zu erleichtern, und seine Aufmerksamkeit zu vermehren, sey dem Lehrer auch noch folgendes empfohlen:
1. Er muß den Schüler und der Schüler ihn verstehen lernen.

2. Auch diesen Endzweck wird die socratische Methode befördern.

3. Lange Beweise soll der Lehrer in 2 oder mehrere Absätze abtheilen, dann die Schlußreden von diesen wieder zusammen nehmen, und daraus den Lehrsatz folgern, und so bey Aufgaben den Schüler auf diejenigen Stücke helfen, die erst gefunden werden müssen, und von denen die Auflösung der Frage abhängt.

4. Er soll oft den Schüler aufrufen, um die Demonstrationen selbst hinzuschreiben, ihre Mängel zu ergänzen und ihre Fehler zu verbessern. Geschicktere Schüler lasse er zuweilen Stellen, die im Lehrbuche noch nicht erklärt sind, für sich selbst durch Studiren, und dann unter seinem Vorsitze, öffentlich erläutern. Zuweilen die schon erläuterten an statt seiner wiederholen, und die übrige alsdenn ihre Zweifel vortragen.

5. Wo die Erklärung eines Satzes zum Theil den Gebrauch der Sinne zuläßt, da hüte der Lehrer sich, die Einbildungskraft der Zuhörer ohne Noth zu martern. Er wird dadurch den Eindruck verstärken, und ihre Aufmerksamkeit an den Gegenstand fester heften.

Logik.

Dem Unterricht in der Logik seine Vollständigkeit zu geben, trage der Lehrer allen die Theorie der Erklärungen, der Einteilungen, der Tabellen Methode, die Beweise oder Aufgaben nebst der Lehre von Erfahrung und Schein vor! Köpfen von einem höheren Grade von Fähigkeit suche er auch die combinatorischen Tabellen, die Abänderung analytischer Beweise in synthetische, den Uebergang von particularen Sätzen zu universellen, die Reduction vorkommender Ausgaben in die logische Sprache, und die Untersuchung der Verhältnisse der *Quaesitorum* zu den *Datis* genauer bckannt und geläufig zu machen. <23>

Der Unterricht sey gründlich und dieses vorzüglich bey den ersten Begriffen die der Lehrer aus psychologischen Gründen entwickeln soll! Er sey anwendbar, damit der Schüler aus der Logik Scharfsinn und Fertigkeit im Abstrahieren und Beweisen, Richtigkeit im Beobachten und Versuche und Ordnung im ganzen Systeme seiner Gedanken zu den höheren Wissenschaften und selbst zu den Geschäften des gemeinen Lebens mitbringe! Die deutlichsten und passendsten Beyspiele beym Vortrage der Regeln wird dem Lehrer durchgehends die Mathematik geben; Nicht nur wo es auf Schärfe im Beweisen und Richtigkeit im Auflösen der Aufgaben ankommt; auch da, wo er mit ihm den Weg der Erfindung ausspähen und ihren Gang nachgehen will. Doch soll er in diesem Punkte auch die Moral und andere Wissenschaften und selbst die Behandlung vorkommender Geschäfte im gemeinen Leben nicht ganz vernachlässigen, wo diese auch richtige Beyspiele lieferen können.

In den Beyspielen selbst soll er den Schüler üben, die gegebenen Regeln zu kennen und umgekehrt nach diesen Regeln selbst zu operiren. Wöchentlich wenigstens gebe er ihnen in dieser Absicht eine Aufgabe schriftlich aufzulösen. Der Plan des Lehrbuches selbst sey ein Beyspiel, das er mit dem Schüler oft und genau durchgehe und untersuche.

Ontologie.

Vollständig ist bis jetzt die Ontologie an sich selbst noch nicht; in der Abzählung der einfachen Begriffe, aus denen sie die Grundwahrheiten für das ganze System menschlicher Erkenntnisse zusammensetzt, bleiben immer noch Lücken. Die Pflicht des Lehrers in diesem Theile des philosophischen Unterrichts wird also seyn, von jenen allgemeinen Sätzen die bis jetzt bekannt sind, alle die Vortheile zu ziehen, die sie gewähren können; Er bemühe sich also vorzüglich die Theorie von den Verhältnissen und jene von Kraft und Ursachen auseinander zu setzen; die Theorie hingegen, die das Allgemeine der Größen zum Gegenstand hat, könnte er dem Privatfleisse fähiger Köpfe überlassen, die es in der Mathematik sehr weit zu bringen suchen. Gründlich und anwendbar wird hier die Lehrart seyn, wenn der Lehrer die ontologischen Wahrheiten immer auf die Gegenstände anderer Wissenschaften anwendet und wiederum diese in die ontologische Sprache zu übertragen lehrt.

In die Logik besonders gehe er oft zurück und zeige dem Schüler, wie er ihren Gesetzen in seinen Erklärungen und Eintheilungen, in den Beweisen und bey Auflösung der Aufgaben gefolgt ist; Er übertrage ontologische Sätze in die logische Sprache und zeige die Anwendung und den Vortheil der

Tabellarmethode, wo er einen Begrif in seine Arten abtheilt, und dann durch die Combination ihm alle Bestimmungen gibt, die, es sey nothwendig oder zufällig, damit verbunden sind.

Er führe ihn auf das Ganze der Ontologie, zeige ihm die Gründe der Ordnung unter ihren Begriffen, und Aussichten in mehrere Verhältnisse. Eine Lehrart von dieser Art wird dem Schüler eine Wissenschaft wirklich brauchbar machen, die eine übertriebene Demonstrirsucht nur zu oft misbraucht hat, durch willkührliche Erklärungen und erschlichene Beweise alles für Wahrheit zu verkaufen, was einer Liebling-Hypothese oder einem angenommenen System anpaßte. <24>

Cosmologie.

Auch in der Cosmologie verfahre der Lehrer auf die nämliche Art, und schränke sie auf das ein, was für die übrigen Wissenschaften eine entschiedene Brauchbarkeit hat. Blos historisch kann er dem Schüler die merkwürdigsten Hypothesen vortragen, und, gleichsam in einem Nachtrage zur Geschichte der Philosophie, die Irrthümer anderer wenigstens als Beyspiele zu benutzen suchen, wie leicht sich der menschliche Verstand auf diesen öden Klippen versteigt, und wie behutsam der Forscher der Wahrheit zu verfahren hat.

Psychologie.

Die Vollständigkeit in der Psychologie fodert einen Zusammenhang practischer Wahrheiten, die die gemeinnützigsten sind, zwar für den Kopf von Fähigkeit ist hier alles wichtig, aber doch verdienen die Theorie des Schönen und jene der Leidenschaften, Theorien, von denen in der Moral und in den schönen Wissenschaften alles abhängt, vorzügliche Aufmerksamkeit.

Noch hat die Psychologie ihre Lücken, und diese mache der Lehrer, so viel als möglich, dem Schüler als den wichtigsten Stof zur Beschäftigung für den Geist der Erfindung bekannt: Er wird selbst einsehen, wie nöthig schon diese Absicht ihm die Tabellarmethode machen wird; und mit dieser versuche er Aussichten zu verbinden, wie weit Beobachtung, Analyse und Combination noch statt haben könnten. In Wissenschaften, wo selbst die höheren Schlüsse, die man keiner unmittelbaren Erfahrung mehr zu danken hat, auf Sätze beruhen, die man durch den Weg der Induction fand, kommt alles auf die Richtigkeit der Erfahrung selbst an. In der Psychologie sey jede Erfahrung die eigene des Schülers, und bey der Induction selbst seine Aufmerksamkeit immer auf die Regeln derselben gerichtet, damit weder in dem Begriffe noch in den Schlüssen sich eine Unrichtigkeit einschleiche! Der Gang in der Folge der Begriffe sey der Gang ihrer natürlichen Entstehung; Er gehe von den Sinnen zur Einbildungskraft, u. s. w. zu den verschiedenen Arten von Begriffen, Urtheilen und Schlüssen, und wiederum zum Vergnügen und Mißvergnügen, zu den Gemüthsbewegungen und den übrigen Bestimmungen des Begehrungsvermögen über.

Die Ordnung wird auch hier dem Lehrer empfohlen, die Verwandschaft und den Unterschied der Seelenvermögen und der Gemüthszustände dem Schüler in Tabellen, und so die Regeln, die ihm schon die Logik bekannt machte, in Anwendung zu zeigen.

Zur Anwendung der psychologischen Wahrheiten werden die schönen Wissenschaften, und die Moral, die Geschichte und das gemeine Leben dem Lehrer Stof und Gelegenheit genug geben, nur daß er bey dieser Anwendung nie vergesse zugleich deutlich und gründlich zu seyn, und das Talent der intuitiven Darstellung zu bearbeiten; Man empfiehlt ihm dieses mit wiederholtem Nachdruck, und hier vorzüglich, damit der Schüler nicht, anstatt brauchbarer Kenntnisse, bloß mit Worten, die er nicht versteht, den Philosophen zu spielen lerne.

Im ganzen wird der Lehrer einsehen, daß hier die Lehrart nicht durchaus und überall die nämliche seyn kann. Sie sey Anfangs empirisch; die Combination <25> gefundener Gesetze wird selbige alsdenn synthetisch und die Untersuchung der Gemüthszustände analytisch machen.

Die Erfindungsgeschichte, die den Schüler Leibnitz und die folgenden Philosophen seines Vaterlands, denen man hierin am meisten zu verdanken hat, verehrungswürdig machen wird, beschäftigte sich meistens mit Entdeckung der Gesetze nach welchen die Seele handelt.

Natürliche Theologie.

Die Hauptbeschäftigung der natürlichen Theologie ist der Beweis von Daseyn Gottes. Als Theil der Philosophie nimmt sie nur das auf, was die sich selbst überlassene Vernunft erreichen kann. Alles Unbedeutende entfernet schon die Würde ihres Gegenstandes von selbst.

Physik.

Zu wünschen aber nicht zu erwarten, wäre eine Physik, die nach allen ihren Theilen vollständig wäre. Auch von den gemeinsten Wirkungen hat die Natur die Ursachen zu tief für menschlichen Sinn und Verstand gelegt, und so kann ein einziger kleiner Umstand ein ganzes Gebäude von Meynungen um- werfen, daß einem System ähnlich sah. Die Vollständigkeit fodert also in diesem Theile des Unterricht nicht, daß der Lehrer um alles zu erklären sich von einer lächerlichen Explicirsucht zu schwankenden Hypothesen hinreissen lasse; Er zergliedere die Wirkungen, Vergleiche, messe! Und wo er keine Ursache findet, die völlig befriedigte, da denke er, daß ein offenhertziges Geständniß einem eingeschränkten Ver- stande besser als eine leere Pralerey ansteht. Er suche vielmehr dadurch auf eine bessere Art vollständig zu seyn, daß er das Gemeinnützige von dem Minderwichtigen genau unterscheide, und den Grad der Bearbeitung bey den verschiedenen Theilen dieser Wissenschaft dem Grade ihrer Wichtigkeit anmesse; Besonders seine Schüler auf diejenigen Theile der Physik aufmerksam mache, bey denen die Gesetze der Natur mittels Anwendung derenselben auf verschiedene Körper durch nähere Versuche noch genauer bestimmt werden können, wie bey der Theorie der Auflösungen, des Feuers, u. d m.

Die Lehre von Bewegung und Gleichgewicht fällt größtentheils der Mathematik heim. Von der Theilbarkeit, Porosität etc. etc. werde das Nützliche mitgenommen; Ausführlich behandele er die Lehre von der Attraction, Festigkeit, Flüssigkeit, Auflösung, Luft, Feuer, und Electricität. Die Theorie vom Lichte, Schalle, Meteoren und dem Weltgebäude ziehe er in die Kürze, und überlasse das übrige dem ei- genen Fleiße der Wißbegierde.

Ueberhaupt wende er auf die Particularphysik einen besonderen Fleiß: Der chymische Theil, der sich mit den verschiedenen Auflösungsmitteln, Salzen etc. etc. beschäftiget, würde wenn die Versuche selbst gezeigt werden sollten, zu viel Unkösten und Zeit fodern; ein historischer Vortrag wird also hier hinreichen, der das Wichtigste so viel als möglich erörtert, und mit Beyspielen erkläret.

Die verwandten Wissenschaften, die vorzügliche Aufmerksamkeit verdienen, sind die Oekono- mik, Arzneywissenschaft, Chymie u. s. w. <26>

Es sey also dem Lehrer nachdrücklich empfohlen, den Einfluß der Physik auf diese Wissenschaf- ten durch passende Anwendung zu zeigen. Zum Anhange könnten die Anfangsgründe der Diätetik beygefügt werden.

Die Logik, die Erfindungskunst, vorzüglich die Regeln der Beschreibungen und der Induktion, und die Lehre von Benutzung der Anlässe, von Beobachtung und Anstellung der Versuche hat der Lehrer hier bey jedem Schritte Gelegenheit in Anwendung zu zeigen; so wie fast jeder vorkommende Gegen- stand ihm Anlaß geben kann, dem Schüler die Erfindungsgeschichte bekannt zu machen, und ihm zu zeigen wie oft ein unwichtig scheinender Zufall, an den wichtigsten Entdeckungen den grössesten Ant- heil gehabt hat, und wie aber auch der philosophische Geist in einem Zufalle von dieser Art die Fülle der Anlässe faßt, für die der minder denkende Kopf keinen Sinn hat.

Praktische Philosophie.

Was der Lehrer den Schüler in den untern Schulen von seinen Pflichten nach Anleitung der Ver- ordnung gelehrt hat, das soll die praktische Weltweisheit zu einer wissenschaftlichen Erkenntniß erhe- ben. Hier soll also der Lehrer die Pflichten des Menschen aus ihren ersten Gründen, herleiten. Zur An- wendung sey ihm die Darstellung individueller Fälle empfohlen, worin die Moralität der Handlungen nicht gleich auffällt; vorzüglich bemühe er sich auch die Sophistereien der Alten und Neueren, die hier mehr als in irgend einem Fache menschlicher Kenntnisse gefährlich sind, in ihrer Blösse zu zeigen und zu widerlegen.

75

Mathematik.

Mit der höheren reinen und angewandten Mathematik wird in den philosophischen Klassen angefangen. Dieses ist an sich von einem weitläuftigen Umfange, und noch läßt sich derselbe durch Gegenstände ausdehnen, die man jetzt nur noch physisch behandelt: durch alles was sich durch Grössen, die eine bestimmte Einheit voraus setzen, ausdrücken läßt, und wovon Beobachtungen und Versuche hinlängliche Data geben, um sie ordentlich vergleichen zu können. Aber auch so wie dieser Umfang bis jetzt gewöhnlich bestimmet wird, ist er schon für den Endzweck des Schulunterrichts so ausgedehnt, daß der Lehrer sich auf dasjenige einschränken muß, was dem größten Theile der Schüler zu ihrer künftigen Bestimmung wahrscheinlicher Weise am meisten brauchbar seyn wird.

Zuerst lasse der Lehrer die Elementarmathematik durch geschicktere Schüler in einem kürzeren Auszuge wiederholen. Er bemerke vorzüglich Sätze von näherem Einfluß auf die erhabene Mathematik, zeige die Veranlassung zu ihrer Erfindung, und führe dann den Schüler zu den erhabenen Wahrheiten dieser Wissenschaften fort.

Die höhere reine Mathematick fängt mit dem binomischen Lehrsätze an, und geht dann die Rechnung des Unendlichen durch.

Die Mechanik und Hydrodynamik in so ferne sie durch die Elementarmathematik begreiflich sind, werden vor der Rechnung des Unendlichen gelehrt <27> und wenn diese vorgetragen ist, führet der Lehrer dadurch den Schüler zur höheren angewandten fort.

Von der Civilbaukunst werden die Anfangsgründe gelehrt und dabey die nöthige Lemmata aus der Physik und Aes(t)thetik hergenommen. Für den Privatfleiß werden noch allgemeine optische Formuln beygefügt.

Die Tabellenmethode findet bey den vornehmsten Zweigen dieser Wissenschaft statt, so wie der Lehrer hier überhaupt die vortheilhafteste Gelegenheit hat, die logische Sätze von Erklärungen Conversionen und Beweisen in Anwendung zu zeigen.

Insbesondere ist dieses das wahre Feld der Erfindungskunst, sowohl durch Auflösung der Aufgaben, Findung der Beweise, als durch Generalisirung derselben und durch Abwechslung der synthetischen und analytischen Form.

Allgemeine Anmerkungen.

a. Von den öffentlichen Uebungen gilt auch hier, was von den Unteren Schulen verordnet worden.

b. Keinem, dieser philosophischen Klasse, wird der Eingang zur Theologie oder *Collegiis Juris* erstattet, ohne die ganze Philosophie gehöret zu haben.

c. Auch denen die sich einst Cameralgegenständen oder der Rechtspflege, es sey auf dem Lande oder bey höheren Dicasterien widmen wollen, wird die gründliche Erlernung der ganzen Philosophie und besonders der Physik empfohlen.

d. Der Unterricht in der Religions- und Sittenlehre wird das ganze Biennium hindurch nach Angabe der Verordnung für die untern Schulen fortgesetzt. Der moralische Unterricht sey durchaus vollständig, und der Catechetische mehr dogmatisch.

e. Die Philosophie soll den Schüler nicht völlig von den schönen Wissenschaften und Künsten entfernen. Zu lang anhaltende Abstraktionen geben oft dem äusserlichen, und selbst dem innerlichen Karakter ein finsteres saures Wesen, das besonders an einem Jüngling unschicklich ist; Auch hat die Seele bey Arbeiten von dieser Art Erholung nöthig. Angenehme Gegenstände fürs Gesicht und fürs Gehör, diese reizenden Mitteldinge zwischen den roheren und den feinsten Gattungen des Vergnügens, Beobachtungen der schönen Natur, Uebungen im Zeichnen, in der Musik, fortgesetztes Studium der griechischen Sprache, Lesung schöner Schriften, historischer Wercke, philosophischer Abhandlungen von Alten und Neuern werden dem Lieblinge der Musen eine angenehme Erholung, seinem Umgange Gefälligkeit geben, und auf diese Art werden selbst seine Abmüssigungsstundcn ihren wahren und entschiedenen Nutzen hervor bringen.

f. Da dem gemeinen Wesen daran gelegen ist, daß die, so zu den Studien untauglich sind, anderen Beschäftigungen nicht entzogen und als unnützliche Glieder dem Staate nicht zur Last werden. andern theils aber der Fortgang der Guten durch diese Untauglichen auf vielerley Art gehemmet wird, so sind die Untauglichen, wie solches auch von Unserm würdigen Domkapitul und von den Ständen <28> gebeten worden, aus den Schulen abzuweisen. Vorzüglich aber ist dieses von denen zu verstehen, die sich durch ihre Studien Aussichten auf ihr künftiges Auskommen verschaffen müssen; Doch so, daß auch vornehmerer und reicher Leute Kinder, wenn sie den Sitten oder dem Fortgange durch Verführung, Ungezogenheit, oder Bosheit schädlich werden, eben so strenge und ohne alle Rücksicht sollen abgewiesen werden. Bey diesem Artikel wird den Professoren mit Ernst und Nachdruck anbefohlen, ohne Absicht, ohne Partheylichkeit und unzeitige Weichlichkeit zu Werke zu gehen. – In den untern Schulen muß der Schüler, wenn er zu diesem Endzweck examiniret wird, das ganze System der nothwendigen Sätze aus der Moral und der Mathematik wissen, die im Lehrbuch besonders bezeichnet sind, und die lateinische Sprache, nach dem Maaße der Klasse, in der er ist, in grammatikalisch richtig Deutsch übersetzen können. In der philosophischen Klasse muß er die nöthigen Sätze der Elementar- und angewandten Mathematik, und die vorgetragenen philosophischen Disciplinen wissen. Sonst wird er nach dem Ausspruch der Professoren zurück gesetzet oder abgewiesen. Ueberhaupt aber soll einer nur einmal zurück gesetzt, und, hat er sich alsdenn nicht gebessert, abgewiesen werden. – Unter dem vollendeten 10ten Jahre wird keiner zur ersten Schule zugelassen.

g. Alle viertel Jahre, oder so oft der Director es nöthig finden wird, soll von den Professoren *Concilium* gehalten werden, worinn über die Verbesserung des Schulwesens, oder was sonst immer Lehrer oder Schüler betreffen kann, gemeinschaftlich berathschlaget, und über die Abweisung der Untauglichen aus den Schulen entscheidend ausgesprochen werden soll.

h. Die Gegenstände der Schulberichte, die der Director an Uns ein schicken soll, sind

   a. Die Doction der Lehrer. – Zu diesem Endzweck muß der Direktor von Zeit zu Zeit die Schulen examiniren, der Doction mit beywohnen, und untersuchen, ob der Vortrag der Lehrer der Verordnung entspreche. Die Lehrer sollen ihm monatlich eine Liste der Thematum übergeben, und alle Monate soll dieser einige der Besten nach Hofe einschicken.

   b. Die Aufführung und der Fortgang der Schüler. – In dieser Absicht soll er eine Conduiteliste nach beygefügtem Modelle jährlich einschicken und dabey anmerken, wie viele aus den Schulen abgewiesen sind.

   c. Das Zeichnen. – Ob alle die Instrumente dazu haben, und welche darin Fortgang machen?

   d. Die Naturgeschichte. – Ob die Anweisung zu derselben und zum Maschinenwesen fortschreite; Ob die Instrumente vorhanden sind? Vorschläge über den Abgang derselben.

Modell

Zur Conduiteliste, wie solche jährlich von dem Director so wohl von den untern als auch unter gehörigen Abänderungen von den philosophischen Klassen der Gymnasien des hiesigen Hochstifts einzuschicken ist.

77

Namen des Schülers	dessen Alter	dessen Geburtsort	dessen Stand	Talente	Fleiß	Sitten	Fortgang in der Religions- und Sittenlehre	Fortgang in Sprachen	Fortgang in der Psychologie	Fortgang in der Geschichte	Ob seine Zeichnungs-instrumente habe, und im zeichnen Fortgang mache	Anmerkungen

1788 März 10 Kurfürst Max Franz: Erneuerte Schulverordnung für das Hochstift Münster[37]

Wir Maximilian Franz von Gottes Gnaden Erzbischof zu Köln, des heil. röm. Reichs durch Italien Erzkanzler und Kuhrfürst, gebohrner Legat des heil. apostolischen Stuhls zu Rom, königlicher Prinz von Hungarn und Boheim, Erzherzog zu Oesterreich, Herzog zu Burgund und Lothringen etc. Administrator des Hochmeisterthums in Preußen, Meister deutschen Ordens in Deutsch- und Wälschen Landen, Bischof zu Münster, in Westphalen und zu Engeren Herzog, Graf zu Habsburg und Tyrol etc. etc. Burggraf zu Stromberg, Herr zu Odenkirchen, Borkelohe, Werth, Freudenthal, und Eulenberg etc. etc.

In der Absicht, die Landschulen in Unserem Hochstift Münster durch Anziehung fähigerer Schullehrer, Anstrengung der Elteren zur Hinschickung der Kinder zur Schule, und Einführung einer leichteren und besseren Lehrart zu verbessern, ist bereits von Unserem nächsten Herrn Vorfahrer am Hochstift unterm 7ten August 1782 eine Provisional-Verordnung für die Landschulen erlassen, auch darauf die Errichtung einer Normalschule in Unserer Haupt- und Residenzstadt Münster veranstaltet worden. Gleichwie nun Wir ebenmäßig seit dem Antritt Unserer Regierung die Ausbildung der Jugend zu einem vorzüglichen Augenmerk genommen haben, so finden Wir Uns, zu mehrerer Erreichung des Endzwecks, veranlasset, für die Landschulen besagten Unseres Hochstifts Nachstehendes näher zu verordnen.
1.

[Schulpflicht]

Werden[38] die Elteren und die Vorgesetzte, so Elteren Stelle vertreten, hiedurch wiederholtermalen ernstlich angewiesen, die Kinder ohne Unterschied des Geschlechts zur Schule zu schicken; hiezu wird das sechste Jahr des Alters bis zum vollendeten vierzehnten Jahre bestimmet: dergestalten jedoch, daß wenn <2> erhebliche dem Schulmeister und dem Pfarrer anzuzeigende Ursachen vorhanden seyn möchten, warum das Kind entweder nicht so früh, oder nicht so lange zur Schule geschicket werden könne, und der Pfarrer diese Ursachen für hinlänglich erachtete, derselbe ein schriftliches Attestat, ohnentgeltlich zu ertheilen habe, auf welches die Kinder nach Unterschied später zur Schule geschicket, oder früher zu Hause gehalten werden mögen.

Da auch überhaupt der sicherste Maßstab der Zeit, wie lange die Kinder zur Schule geschicket werden müssen, die Fähigkeit der Kinder ist, welche sie sich in der Schule erworben haben, so mögen auf Verlangen der Elteren die Kinder öffentlich zu Ende jedes Schulcurses geprüfet, und diejenigen, welche alsdann in den hiernach vorgeschriebenen Lehrgegenständen hinlänglich unterwiesen zu seyn werden befunden werden, auf einen darüber von dem Pfarrer ohnentgeltlich zu ertheilenden Schein {worin die geschehene Prüfung anzuziehen ist} ohne Rücksicht auf das Alter zu Hause gehalten werden. Von diesen solchergestalt ertheilten Attestaten ist auch in der Schultabelle die Nachmessung zu geben.

Was[39] die Zeit zum Schulhalten betrifft, dieselbe wird in den Winter- und Sommer-Curs eingetheilet; der Winter-Curs muß ohne Unterbrechung von Monat zu Monat vom Oktober bis Ostern fortwähren, der Sommer-Curs fängt nach Ostern an. Da aber im April, May, August, September und Oktober, auch öfters im Junius und Julius überhäufte Feldarbeiten vorkommen, so mögen die Kinder zu diesem Ende, wenn es nöthig ist, von den Elteren zu Hause gehalten werden, jedoch müssen die Elteren solche Nothwendigkeit dem Schulmeister und Pfarrer bekannt machen. Gut würde es indessen seyn, wenn in besagten Sommer- und Herbst-Monaten, wo die Schulen wenig besuchet werden, wenigstens ein Tag in der Woche zu einer Wiederholung der vornehmsten Lehrgegenstände bestimmet würde, damit die Kinder bey so langer Ausstellung der Schule nicht zu viel vergessen.
3.

Ist[40] zwar Unsere gnädigste Willensmeinung nicht, die Elteren darüber, daß sie ihre Kinder verordnungsmäßig nicht zur Schule schicken, mit fiscalischen Processen belasten zu lassen: da Wir aber

---

[37] Fundstelle: ULB Münster; urn:nbn:de:hbz:6:1-144950.
[38] Randnote: »Die Kinder sollen zur Schule geschicket werden, und wie viele Jahre.«
[39] Randnote: »Von dem Sommer- und Winter-Schul-Curse."
[40] Randnote: »Wie die Eltern dazu anhalten.«

dennoch ernstlich wollen, daß sie es hieran nicht ermangeln lassen; so sollen die Elteren, oder nach Unterschied <3> Vorgesetzte, wenn sie ohne erhebliche Ursachen, und ohne darüber erhaltenen § 1 vorgeschriebenen Attestat die Kinder zur Schule zu schicken gänzlich ermangeln, oder sie in dem Schul-Curse auch nur selten hinschicken, nichtsdestoweniger das Ganze Schulgeld bezahlen; und wenn solches auf Ermahnen des Schulmeisters und Pfarrers nicht geschieht, durch den Schatzungs-Receptor dazu angehalten werden: die Elteren der Armen aber, welche die Kinder nicht gehörig zur Schule schicken, haben der Pfarrer und sonstige gemeine Allmosen-Austheiler mittelst Zurückhaltung des Allmosens dahin anzustrengen, daß sie die Kinder gehörig zur Schule schicken. Sollten aber dennoch die Elteren steifsinnig darauf beharren ihre Kinder nicht zur Schule schicken zu wollen; so sind sie dazu von der Obrigkeit durch schärfere Zwangmittel anzuhalten.

    4.

[Unterrichtsstoff]

Lassen[41] Wir es bey der vorangezogenen Provisional-Verordnung § 5 bewenden, daß nämlich die Schulmeister

- a. Nach einer in der Normalschule zu erlernenden Lehrart den Schulkindern das Buchstabiren,
- b. Das Lesen deutlich, und nach den Interpunktionen lehren,
- c. Sie in den Zügen der Buchstabenschreibung wohl unterrichten, und zu einer guten Handschrift die Anleitung geben;
- d. In dem katholischen Katechismus und Sitten gut und faßlich unterweisen;
- e. Von der Rechenkunst die vier Species mit Einschluß der Regel de Tri lehren, und
- f. in Abfassung eines deutschen Briefes, einer Rechnung, Quittung, obsonst dienlichen Aufsatzes unterweisen;
- g. und um dieses nach Unterschied der Fähigkeiten und Jahren bewirken zu können, die Schuljugend mit zugezogenem Rathe des Pfarrers in gewisse Klassen abtheilen sollen.

Da es auch der Landjugend sehr dienlich seyn würde, von den ersten theoretischen ungezweifelten Grundsätzen des Ackerbaues und der Landwirthschaft einige Kenntniß zu erhalten; so wird darüber ein kurz gefaßtes Lesebuch für die Schulen herausgegeben werden. Auch ist darauf der Bedacht zu nehmen, ob nicht einige kleine Industrie oder Handarbeit, mit der Schule, ohne Nachtheil des übrigen Schulwesens, verbunden und hiedurch der Endzweck erfüllet werden könne, die Kinder von Jugend auf zur Handarbeit, und zum Fleiße zu gewöhnen, dann einen oder andern, in der Gegend etwa <4> unbekannten doch nützlichen zweig der Industrie und Nahrung einzuführen.

    5.

Die[42] Schulmeister müssen auf den Fleiß oder Unfleiß der Kinder genau merken, und auf ihr sittliches Betragen viel Achtsamkeit haben, damit die Kinder zur anständigen Reinlichkeit und zu einem höflichen Umgang gewöhnet werden; Grobheit, Ausgelassenheit, Zank und Streit muß nicht geduldet, Ordnung und Stille muß in der Schule, als ein nothwendiges Mittel Aufmerksamkeit zu unterhalten, eingeführet werden: sehr dienlich wird es auch seyn, wenn die Schulmeister den Elteren merkliche sittliche Fehler der Kinder eröfnen, um dieselbe auch bey dem häuslichen Umgang zu verbessern.

Die Schulmeister aber müssen auch selbst mit einem sittlichen guten Betragen vorgehen, insbesondere Zank, Vollsäuferey und andere sittliche Fehler zu vermeiden suchen, weshalber auch bey Ansetzung der Schulmeister zu empfehlen ist, daß man sich nach ihrem sittlichen Betragen erkundige, und darauf mit Rücksicht nehme. Die Schulmeister sollen keine Schenkwirthschaft treiben, noch Notariatbedienung versehen, noch sich mit solchen anderen Gewerben abgeben, welche sie an den Schulverrichtungen hindern können; und wird besonders den Pfarrern empfohlen auf die Befolgung dieses § zu achten und sich zu bemühen, den etwa verspürten Fehlern abzuhelfen; wenn aber solches in der Güte nicht erfolgte, dieselbe in dem abzustattenden halbjährigen Berichte bey Beantwortung der nachgesetzten Fragen anzuzeigen.

---

[41] Randnote: »Was in den Schule gelehrt werden soll.«
[42] Randnote: »Sittliches Betragen der Kinder und Schulmeister.«

6.

[Qualifikation und Bezahlung der Lehrer]

Wird[43] nicht allein die gnädigste Verordnung: daß in Zukunft keiner ein Landschulmeister-Amt {wenn solches auch *patronatus laicalis* wäre} erhalten solle, wenn er nicht vorher bey der gnädigst ange-ordneten Schulcommission geprüfet, dazu tauglich befunden, und ihm darüber von derselben ein schriftliches Certificat ertheilet worden, hiemit wiederholet; sondern es wird auch nach nunmehr einge-richteter Normalschule näher verordnet, daß keinem ein solches Attestat ertheilet werden solle, wenn er nicht vorher einen Curs durch die Normalschule frequentiret, oder wenigstens bey einem andern guten Schulmeister in der Lehr-Methode unterwiesen worden. Diese Normalschule wird in dem *Seminario* zu Münster von dem *Examinator Synodalis* Professor der Normalschule Overberg zweymal im Jahre, näm-lich 1. in <5> den Monaten August, September, October, 2. in den Monaten April, May, Junius {nach ge-haltener vorschriftmäßiger Prüfung, wozu die Tage durch das Intelligenzblatt sollen näher bekannt ge-macht werden} täglich gehalten, an welchen sich dieserhalb in vorkommenden Fällen Pfarrer und Schul-meister zu wenden haben.

7.

Da[44] bereits gnädigst verordnet ist, daß denjenigen Schulmeistern, deren Schulämter mit hinläng-lichen Einkünften {worunter jedoch ein geringes etwa fundirtes *Salarium,* dann gewöhnliches Schul- und Lehrgeld nicht verstanden wird} nicht versehen sind, zu ihrem besseren und billigen Unterhalt, in gerin-geren und kleineren Kirchspielen 20 Rthlr. in den mittleren 30 Rthlr. und in den größeren 40 Rthlr. *ex extraordinariis* der Kirchspiels-Schatzungen, so lange dazu kein anderes ausserordentliches Mittel {wie zum Beyspiel aus Zuschlägen} angewiesen seyn wird, alsdenn, wenn der Schulmeister von der Schulcom-mission gehörig geprüfet, von derselben einen Schein, daß er diese Zulage verdiene, beym geheimen Rath vorbringen und von diesem darauf die Anweisung zur Zahlung an den Schatzungs-Receptor erhalten haben wird, gezahlet werden solle; so lassen Wir es hiebey jedoch mit dem Anhang bewenden, daß sotha-ner Schein der Schulcommission und nach Unterscheid Zahlungs-Anweisung des geheimen Raths an die Receptoren jedesmal nur auf drey Jahre gestellet werden, und der Schulmeister nach Umlauf der drey Jahre gehalten seyn solle, sich alsdann übermalen zu Erneuerung des Scheins bey der Schulcommission zur Prüfung wieder zu stellen, um dadurch eine fernere Anweisung der Zulage zu erhalten. Damit aber die Schulcommission auch davon überzeuget werde, ob der sich um Erhaltung der Zulage sistirende Schulmeister, in Ansicht seines hieroben erwähnten sittlichen Betragens der Zulage würdig seye, hat sol-cher über diesen Punkt einen verschlossenen Bericht des Pfarrers der Schulcommission vor der Prüfung zu präsentiren. Uebrigens bleibt es des Orts *Archidiacono* und *Commissario Archidiaconali* sowohl, als auch dem Pfarrer anheim gestellet, ob sie der Prüfung des Schulmeisters beywohnen wollen.

8.

Da[45] es Schulmeister, besonders in den Nebenschulen, geben wird, welche sich nach Unterschied annoch zur neuen Lehrart qualificiren können, oder nicht, und da die Schulcommission <6> hierüber in den halbjährigen Schulberichten die Nachricht erhalten wird; so überlassen Wir es derselben, diejenigen zur Normalschule und Prüfung nach Münster zu berufen, welche darin noch die gehörige Fähigkeit er-langen können. Diejenigen Schulmeister, welche die Normalschule frequentiren oder dazu angewiesen werden, erhalten[46] auf Beybringung des vorgeschriebenen Certificats die in der Provisional-Verordnung § 17 dafür angesetzten Unterhalts- und Schulkosten ad 11 Rthlr, ohne Abzug, aus Kirchspielsmitteln; müssen sich aber dafür nicht allein Unterhalt, sondern auch die nöthigen Lehrbücher selbst verschaffen: jene Schulmeister aber, welche einmal das Certificat und die Zulage erhalten haben, nach Umlauf der drey Jahre aber wieder zur Normalschule verwiesen werden, müssen alsdenn auf eigene Kösten, ohne Zuthu-ung des Kirchspiels, sich den Unterhalt verschaffen, und dieses ihrem eigenen bezeigten Unfleiß oder ih-rer Unthätigkeit beymessen.

9.

---

[43] Randnote: »Keinem, der nicht approbiret, soll künftig ein Schulamt zu Theil werden; wo und wann die Normalschule ge-halten wird.«

[44] Randnote: »Approbirte Schulmeister erhalten eine Zulage jedesmal auf drey Jahre.«

[45] Randnote: »Verweisung der Unfähigen zur Normalschule.«

[46] Randnote: »ihr Unterhalt während der Normalschule.«

Das[47] bisher gewöhnliche Schulgeld wird ferner beybehalten, die Kinder der Armen aber, worüber der Pfarrer dem Schulmeister ein Certificat zuzustellen hat, müssen ohnentgeltlich mit eben der Achtsamkeit, Liebe und Fleiß unterwiesen werden, als andere; wo milde Stiftungen vorhanden sind, oder es hergebracht, aus Armenmitteln das Schulgeld zu bezahlen, hat es auch dabey ferner sein Bewenden.

10.

Damit[48] die Pfarrer in den ihnen der Seelsorge halber obliegenden Pflichten durch die Schulvisitation am Sonnabend nicht gehindert werden, wird zu der in der Provisional-Schulverordnung vorgeschriebenen wöchentlichen Schulvisitation der Dienstag oder Mittwochen vorgeschrieben, mit dem Anhang, daß zwar diese wöchentliche Schulvisitation nur von den Kirchspiels- oder Dorfschulen zu verstehen, es aber doch von dem Pfarrer in Ansicht der Nebenschulen so einzurichten sey, daß auch diese wenigstens einmal des Monats visitiret, alsdenn die hiernach vorgeschriebenen Monattabellen von den Nebenschulen eben so, als von Kirchspiels- und Dorfschulen eingegeben, und von jenen, wie von diesen der hiernach geforderte halbjährige Bericht erstattet werde. Diese Pflicht ist auch nicht bloß auf die Knabenschulen beschränket, sondern es sollen auch die Mädgenschulen auf gleiche Art visitiret werden. <7>

11.

Der[49] deutschen Trivial- und Realschulen in Städten und Wiegbolden müssen sich auch die Pfarrer mit allem Eifer annehmen, sie visitiren, und darüber alle halbe Jahr berichten, jedoch behalten Wir es der Schulcommission bevor, über ein oder andere dieser Schulen einen besondern Visitator nach Befinden anzuordnen.

12.

Bey[50] der Visitation hat der Pfarrer darauf zu achten, daß

a. in seiner Gegenwart theils durch ihn, theils durch den Schulmeister über alle hieroben § 4 vorgeschriebenen Lehrstücke examiniret;

b. die Monattabellen und Schulverzeichnisse präsentiret, und darauf von dem Pfarrer das vorgeschriebene *Praesentatum* in der Schule selbst gesetzet;

c. Die Ursachen, warum die Kinder entweder gar nicht zur Schule geschickt, oder sehr unfleissig dahin gekommen sind, untersuchet;

d. die säumigen Elteren ernstlich ermahnet;

e. fleissige Kinder öffentlich belobet, und unfleissige getadelt;

f. auf alle sonsten bey dem Schulmeister selbst, obsonst in der Schule etwa verspürte Mängel ein wachtsames Auge gehalten, solche abgestellet, und alles soviel möglich auf der Stelle ausgebessert, sonsten aber darüber Bericht abgestattet werde.

Zu Ende jedes halbjährigen Schulcurses sollen die Kinder sowohl in Knaben- als Mädgenschulen, und sowohl der Neben- als auch Kirchspielsschulen auf einem vom Pfarrer zu bestimmenden von der Kanzel vorher bekannt zu machenden Tag und Stunde, von dem Schulmeister und nach Unterschied Schulmeisterinn zur Pfarrkirche geführet, und daselbst vor der dahin einzuladenden Gemeinde und Schulfreunden nach Unterschied der Klassen über die vorgeschriebenen Lehrgegenstände examiniret und geprüfet, und dabey die Namen derjenigen, welche sich den Curs hindurch durch Fleiß und Fähigkeit besonders ausgezeichnet haben, von dem Pfarrer öffentlich abgelesen, und der Gemeinde bekannt gemacht, sodann zu Ende des Jahrs, wo dazu Mittel vorhanden sind, Belohnungen ausgetheilet werden.

13.

Der[51] Katechismus ist nicht bloß dem Gedächtniß, sondern auch mit Verbindung und Begleitung der biblischen <8> Geschichte und der Sittenlehre dem Verstande der Kinder beyzubringen, derselbe muß in der Pfarrkirche alle Sonn- und Feyertage {nebst dem, daß auch die Kinder in den Schulen darin unterwiesen werden müssen} abgehalten werden, bey welchen die Schulmeister und Schulmeisterinnen mit erscheinen müssen. Da auch nach Vorschrift der Provisional-Verordnu[n]g § 4 dahin zu sehen ist, ob nicht für diejenigen Landleute, welche Nachmittags zur Katechismuslehre zu kommen gehindert sind, Vormittags etwa nach der Frühmesse Katechismus gehalten werden könne; und da es ferner dienlich seyn

---

[47] Randnote: »Von dem Schulgeld.«
[48] Randnote: »Alle Schulen sind von dem Pfarrer zu visitiren.«
[49] Randnote: »In Städten und Wiegbolden mag die Commission einen Visitator verordnen.«
[50] Randnote: »Was der Pfarrer bey der Visitation zu beobachten habe.«
[51] Randnote: »Von Abhaltung des Katechismus.«

würde, daß *Primissarii* so ausserhalb der Pfarrkirche Sonn- und Feyertags in Kapellen Messe lesen, gleich nach der Messe die christliche Lehre hielten; so ist auch dieses bestthunlichst einzurichten, und hat das General-Vicariat hierüber die nöthigen Verfügungen zu treffen sich angelegen seyn zu lassen.

14.

Da[52] auch dienlich ist die Schulkinder nach und nach zum Gesang deutscher Kirchenlieder anzuführen, so ist hierauf so viel thunlich der Bedacht zu nehmen.

15.

Die[53] Kinder, welche zur ersten Kommunion zugelassen zu werden begehren, und Alters halber dazu zugelassen werden können, sollen darüber, ob sie auch hiezu genugsam unterwiesen und vorbereitet seyen, von dem Pfarrer öffentlich geprüfet, und diejenigen, welche alsdenn zur Kommunion zugelassen werden, sollen den fünften Sonntag in der Fasten sämtlich und nach vorhergehender Ermahnung und dazu eingerichteter Predigt, mit aller schicklichen Zucht, Ordnung und Ehrfurcht in der Pfarrkirche zur ersten Kommunion geführet werden.

16.

[Berichtswesen]

Damit[54] die Schulcommission über das ganze Schulwesen eine deutliche Einsicht erhalte, hat der Pfarrer den halbjährigen Bericht

Ueber die Schule und das Personale des Schulmeisters

folgendermaßen zu erstatten.

a. Dessen Namen und Geburtsort.
b. Ob er Kirchspiels-Schulmeister, oder einer Nebenschule sey, und wie sich die Nebenschule nenne. <9>
c. Wie alt er sey, verheiratheten oder ledige Standes.
d. In welchem Dato und Jahre er zum Schulmeister angesetzet worden.
e. Wer die Schulmeisters-Stelle zu vergeben habe.
f. Ob er von der Schulcommission approbiret sey, und *quo dato* die Approbation ausgefertiget.
g. Ob er eine extraordinaire Zulage, und wie viel, erhalten habe.
h. Da alle Approbationen und alle extraordinaire Gehalts-Zulagen, und dazu ertheilte Anweisungen, nur auf drey Jahre gültig sind, ob der Schulmeister nach Umlauf solcher drey Jahre um Erneuerung der Approbation zu Münster sich zum Examen wieder gestellet, die Approbation und Anweisungs-Erneuerung erhalten habe.
i. Wie viel er nebst der Zulage an jährlichem Gehalt *in fixo* habe.
j. Wie viel ohngefähr jährlich an Schulgeld.
k. Wie viel jedes Kind an Schulgeld jährlich zahle.
l. Wie viel der Schulmeister überhaupt mit Accidentalien jährlich einzunehmen habe.
m. Ob die Schulmeisters-Stelle einem *beneficio annex* oder
n. die Küsters-Stelle damit verbunden.
o. Ob der *Beneficiatus* selbst Schule halte, oder dazu einen Substituten, und auf welche Bedingnisse, halte.
p. Ob der Schulmeister fleissig, fähig, und
q. von gutem sittlichen Betragen sey.

---

[52] Randnote: »Vom Gesang deutscher Lieder.«
[53] Randnote: »Von der ersten Kommunion der Schulkinder.«
[54] Randnote: »Die Pfarrer haben alle Jahr zu berichten über das Schulwesen, Schul und Personale des Schulmeistern.«

r.   Ob er die hieroben § 4 benennte Lehrgegenstände den Schulkindern beyzubringen fähig sey, oder woran es ermangle.

s.   Falls er sich nicht zum Examen sistiret hat, ob er nicht fähig sey, sich annoch in der Normalschule fähig zu machen, wohin ihn sodann der Pfarrer zu verweisen, und wie solches geschehen, zu berichten hat; sind es Nebenschulmeister, so kann sie auch der Pfarrer einsweilig an einen andern fähigen in der Normalschule gewesenen, in der Nähe wohnenden Schulmeister zur Lehre anweisen.

t.   Ob der Schulmeister auch Mädgen unterweise, und wie es mit derselben Unterweisung gehalten werde.

u.   Ob der Schulmeister zu Unterweisung in dem Katechismus fähig sey, und

v.   welche Tage und Stunden solches in der Schule geschehe.

w. Was und wie hierunter etwa zu verbessern sey. <10>

17.

Ueber[55] die Einrichtung, und den Zustand des Schulgebäudes.

a.   Name der Schule, und wo sie liegt.

b.   Ob sie eine Kirchspiels- oder Nebenschule.

c.   Ob die Nebenschule obrigkeitlich verstattet, und von wem.

d.   Wie viel Kinder dahin zu gehen pflegen.

e.   Ob die Knaben allein oder auch Mädgen zur Schule gehen.

f.   Ob die Nebenschule unentbehrlich sey.

g.   Ob die Schule für die Kinder geräumig genug sey.

h.   Ob sie mit einem Ofen zum Heizen, auch nöthigen Fenstern und Bänken versehen.

i.   Ob ein schwarzes Brett darin angeschaffet.

j.   Wer das Schulgebäude unterhalten müsse.

k.   Ob dazu gewisse Einkünfte, und worin sie bestehen.

l.   Ob die Nebenschule ohne andere Inconvenienzen entbehret werden könne.

m. Was hierunter zu verbessern dienlich sey, mit gutachtlichem Vorschlag wie solches einzurichten.

18.

Ueber[56] die Lehrart und Eintheilung der Schulkinder in Klassen.

a.   Ob der Schulmeister nach der in der Normalschule erlernten Methode zu lehren fortfahre.

b.   Wie, und nach welchen Grundsätzen er seine Schulkinder in Klassen eingetheilet habe.

c.   Was in jeder Klasse gelehrt, und dazu für eine Methode gebraucht werde.

d.   Welche Schulbücher für jede Klasse gebrauchet werden.

e.   Hierüber hat der Schulmeister schriftlich dem Pfarrer bey der monatlichen Schulvisitation mit Anfügung der eingeschriebenen Tabelle nach dem diesem Numer beygelegten Formular zu berichten, dieser sodann ihm nach Vorschrift n. 5 der Provisional-Verordnung beyräthig zu seyn, und darüber wie solches geschehen, und was dabey etwa zu erinnern sey, mit Anfügung besagter Relation des Schulmeisters den halbjährigen Bericht zu diesem Numer zu erstatten.

f.   Ob auch in der Schule und Kirche der deutsche Kirchengesang eingeführet sey. <11>

g.   Was für ein Gesangbuch dazu gebrauchet werde, oder

h.   was dieser Einführung etwa für Hindernisse entgegen stehen.

19.

---

[55] Randnote: »Zustand des Schulgebäudes.«
[56] Randnote: »Lehrart und Eintheilung in Klassen.«

Ueber[57] den Fleiß oder Unfleiß der Schulkinder.

Um von dem Fleisse der Kinder zu urtheilen, hat der Schulmeister dem Pfarrer jedesmal bey der ersten Schul-Visitation des Monats von dem vorhergehenden Monat nach anliegendem Muster {zu N^ro. 19} ein von ihm untergeschriebenes monatliches Schul-Verzeichnis, in der Schule selbst zu behändigen, woraus die Namen aller Schulkinder, ihr Alter, Klasse, Fähigkeit, und das Gewerb der Elteren, Numer des Hauses, dann die Tage an welchen jedes Schulkind gegenwärtig gewesen, oder nicht, Schule gehalten ist oder nicht {zu welchem Ende die Namen der Kinder auf jeden Schultage abzulesen, und die abwesende sofort in der Tabelle zu bemerken} zu ersehen sind. Die in diesem Formular vorkommende Buchstaben bedeuten folgendes:

in den Kolonnen: Fähigkeit und Fleiß, g. gut, m. mittelmäßig, s. schlecht;

unter den Tägen des Monats, a. abwesend, wenn darunter ein Strich, bedeutet es einen halben Schultag, g. gegenwärtig: wäre das Kind krank, obsonsten aus erheblichen Ursachen behindert, so bleibt es bey dem bloßen Buchstaben, wäre es aber nicht krank, noch sonsten erheblich verhindert gewesen, so wird unter das a noch ein Kreuz x hinzugesetzt, welches ein Zeichen ist, daß das Kind ohne rechtmäßige Ursache ausgeblieben.

Die Tage des Monats, an welchen keine Schule gehalten worden, sind in der Tabelle offen zu lassen, welches dann bedeutet, daß keine Schule(le) gehalten worden, die Ursache davon ist mit folgenden Buchstaben oberhalb der offen gelassenen Kolonne zu bemerken:

S. Sonntag,

F. Feyertag,

R. Recreations- oder Spieltag,

V. Verhinderung; die Ursache letzterer hat der Pfarrer bey der Visitation zu untersuchen, und wenn sie nicht erheblich, dem Schulmeister einen Verweis zu geben, auch, wie es geschehen, in seinem Berichte zu diesem Numer einzuführen.

Nebst dieser Schul- und Fleiß-Tabelle – Lit. A. bezeichnet – ist nach anliegendem Formular – Lit. B. – noch ein Verzeichniß derjenigen Kinder <12> von dem Schulmeister zu machen, und dem Pfarrer bey der Schul-Visitation zu übergeben, welche nach der Verordnung § 1 zur Schule geschicket werden müßten, aber gar nicht hingeschicket werden; der Pfarrer hat die Elteren dieser Kinder sofort persönlich zu sich berufen zu lassen, sie zu Hinschickung der Kinder zur Schule gütlich und ernstlich zu ermahnen, und ihnen {falls keine erhebliche Entschuldigungs-Ursachen vorhanden zu seyn werden befunden werden} zu bedeuten, daß sie nicht allein das Ganze Schulgeld, wenn sie auch nur ihre Kinder auf einige Zeit zur Schule schicken, sondern auch sogar, wenn sie solche gar nicht hinschickten, das Ganze Schulgeld, wie Num. 3 vorgeschrieben ist, bezahlen, und wenn dieses nicht fruchtete, sie von der Obrigkeit durch Execution dazu würden angehalten werden.

Der Schulmeister präsentiret diese zwo Monat-Tabellen, samt dem halbjährigen Schema zu Numero 18 dem Pfarrer in der Schule bey der Schulvisitation, und der Pfarrer hat sofort darunter in der Schule selbst das *Praesentatum* mit seines Namens Unterschrift zu schreiben; dann sind diese drey Tabellen jedesmal dem halbjährigen Bericht, als eine Anlage, beyzulegen, und ist das ferner etwa Nöthige in dem Bericht zu bemerken.

Damit aber dem Schulmeister das Tabelliren erleichtert werde, sollen von anliegenden drey Tabellen genügsame *Formularia* zur Einschreibung {jedoch diese mit Auslassung dessen, was nur beyspielsweise darauf bemerket ist} auf Schreibpapier gedruckt, und den Schulmeistern und Schulmeisterinnen durch den Pfarrer ausgetheilet werden, um solche zum Einschreiben nach Vorschrift der Verordnung zu gebrauchen.

20.

In Betreff[58] der Mädgenschulen, welche von den Knabenschulen abgesondert sind, ist auch der Bericht

Ueber die Schule und dem Personale der Schulmeisterinn

folgendergestalt zu erstatten:

---

[57] Randnote: »Fleiß oder Unfleiß der Schulkinder.«
[58] Randnote: »Desgleichen über die abgesonderten Mädgenschulen. Schule und Personale der Schulmeisterinn.«

a. Wie sich die Schulmeisterinn nenne, und wo sie gebohren.

b. Wie alt sie sey, auch ob sie ledigen Standes oder verheirathet sey.

c. In welchem Dato und Jahre sie zur Schulmeisterinn angesetzt worden. <13>

d. Von wem, und wer die Schulmeisterinn-Stelle zu vergeben habe.

e. Wie viel sie an Fixen jährlichen Gehalt habe, und wie viel jedes Kind zahle.

f. Wie viel ohngefähr an Schulgeld.

g. Wie viel ohngefähr das jährliche Gehalt und Schulgeld ertrage.

h. Ob die Schulmeisterinn zu diesem Amt fähig sey, nämlich gut, mittelmäßig, oder schlecht.

i. Ob sie im Schulhalten fleissig oder unfleissig.

j. Wie ihr sittliches Betragen und Aufführung sey.

k. Ob und was hierunter zu verbessern sey.

21.

In Betreff[59] der Einrichtung und des Zustands des Schulgebäudes

ist über die nämliche Punkten zu berichten, wie Schulgebäudes, oben § 17 von den Schulen vorgeschrieben ist.

22.

Ueber[60] die Lehrart und Eintheilung der Schulkinder in Klassen in den Mädgenschulen.

a. Ob die Schulmeisterinn die Kinder nach der neuen Methode und Vorschrift unterweise, und unterweisen könne, namentlich

b. im Lesen,

c. im Schreiben,

d. im Rechnen, und wie weit.

e. Ob sie ihnen von der Glaubenslehre,

f. von der biblischen Geschichte,

g. von der Sittenlehre etwas beyzubringen fähig sey, und beybringe.

h. Ob sie die Schulkinder in Klassen, in wie viel und welche, eingetheilet habe, und wie weit es in jeder gebracht worden.

i. Welche Schulbücher in jeder Klasse gebraucht werden. Ueber diese Eintheilung hat die Schulmeisterinn nach Vorschrift der Tabelle Num. 18. die Anzeige zu thun, und der Pfarrer auf dieselbige Art zu verfahren, wie in besagtem Numer wegen der Schulmeister vorgeschrieben ist.

j. Ob auch den Mädgen in der Schule stricken, nähen, obsonstige für das weibliche Geschlecht schickliche Handarbeit gelehrt werde, ob und welche, und wie diese einzuführen dienlich sey.
<14>

Da es nun in den Landschulen wenige Schulmeisterinnen geben dürfte, die nach der neuen Methode das Lesen, Schreiben, sodann das Rechnen zu lehren im Stande seyn werden; so haben die Pfarrer, wenn an demselben Ort ein von der Landschulcommission approbirter Schulmeister ist, demselben aufzugeben die Schulmeisterinn zu instruiren, wie sie das Lesen und Schreiben nach der neuen Methode, dann das Rechnen bis inclusive Regula de Tri in die Schulkinder lehren müsse: zu welchem Ende dann auch in diesen Schulen ein schwarzes Brett anzuschaffen ist. Wie solches geschehen, und was dabey für ein Anstand sey, hat der Pfarrer hierauf zu berichten.

23.

---

[59] Randnote: »Zustand des Schulgebäudes.«
[60] Randnote: »Lehrart und Eintheilung der Mädgen in Klassen.«

D. Ueber[61] den Fleiß und die Fähigkeit der Kinder in den Mädgenschulen ist auf die nämliche Art und dieselben Punkten zu berichten, wie hieroben n. 19 den Schulmeistern vorgeschrieben ist; und muß es im übrigen mit Einrichtung der Tabellen, der Schulvisitation, Hinschickung der Kinder zur Schule eben so gehalten werden, als es in dieser Verordnung anderen Schulen vorgeschrieben ist.

24.

Dieser[62] halbjährige Bericht ist deutlich und bestimmt in halbjährigen Bezug auf die Numern der obstehenden Absätzen, und mit Buchstaben bezeichneten Unterabtheilungen, worüber der Bericht gefordert ist, nicht allein über die Knaben, sondern auch über die Mädgenschulen, und sowohl über die Neben- als Hauptschulen mit Beylegung der oben vorgeschriebenen Tabellen, unter folgender Rubric:

Vorschriftmäßiger halbjähriger Schulbericht über die Schule NN Kirchspiels NN. Amts NN. Archidiaconats NN. vom untergeschriebenen Pfarrer NN. zu NN. über die in der Verordnung vom ... vorgeschriebenen Fragen nach ihren Numern z. B. auf Num. 16 A, a)

abzustatten, und über den Winter-Schulcurs vier Wochen nach Ostern, und von dem Sommer-Curse vierzehn Tage nach Anfang der Vacanz, fürs erstemal, nach geendigtem bevorstehenden diesjährigen Sommer-Curse, des Orts Archidiaconen zu <15> präsentiren, welche diesen Bericht vierzehn Tage nachher mit ihren etwaigen gutachtlichen Erinnerungen der gnädigst angeordneten Schulcommission einzuschicken haben.

25.

Sechs[63] Wochen nachher hat die gnädigst angeordnete Schulcommission, nach Anleitung des diesem Numer beygelegten Formulars, einen General-Auszug, nach den Archidiaconaten eingetheilt, zu verfertigen, nebst diesem aber und mit desselben Beylegung umständlich darüber zu berichten:

a. Welche Archidiaconi sich des Schulwesens vorzüglich annehmen.

b. Welche Pfarrer sich besonders um dessen Beförderung verdient machen.

c. Ob dieselbe vorschriftmäßig visitiret und berichtet haben.

d. Welche Schulmeister und Schulmeisterinnen sich auszeichnen, oder im Gegentheil nach Unterschied zum Schulamt ganz unfähig, obsonsten ihrer Lebensart halber nicht brauchbar sind.

e. Was die Schulcommission zu Beförderung des Endzwecks verfüget habe; oder

f. Uns zur unmittelbaren Verfügung und Anordnung, es sey im Allgemeinen oder im Besondern, gutachtlich vorzuschlagen dienlich finde.

26.

Uebrigens[64] versehen Wir Uns zu Unsern Archidiaconen sowohl, als Pfarrern, Schulmeistern und Schulmeisterinnen gnädigst, daß sie für diesen Gegenstand der ihnen anvertrauten Pflichten, nach der Wichtigkeit des Nutzens, der daraus für den Nebenmenschen, für Kirche und Staat, entsteht, sorgen, und Unsere hierauf abzweckende Verordnung mit allem dem Pflichteifer, den Wir Uns von ihnen versprechen, aufs genaueste erfüllen werden.

Schließlich befehlen Wir hiemit gnädigst, daß von gegenwärtiger Verordnung dasigen Unsern Dicasterien und Schulcommissions-Mitgliedern die nöthige Exemplarien, sodann sämtlichen Archidiaconen Unseres Hochstifts, sowie auch Beamten, Richtern, Pfarrern, Schulmeistern und Schulmeisterinnen ein Exemplar zugestellet, anbey den Pfarrern zur Austheilung an die Schulmeister und Schulmeisterinnen, von den, zu dem Ende auf Schreibpapier, mit Auslassung jedoch der, nur beyspielsweise <16> eingeschriebenen Namen und Zeichen, zu druckenden hier angehefteten drey Formularen, die vors erste zum Einschreiben, auf ein Jahr ohngefähr nöthige Zahl Exemplarien den Pfarrern zugeschicket, dann auch die von der Schulcommission zu verlangende Zahl der Tabellen, welche laut Nro. 25 von der Schulcommission zu inscribiren, und ihrem halbjährigen Bericht beyzulegen sind, auf Schreibpapier gedruckt, derselben zugestellet; und weil hiebey auf mehrere folgende Jahre der Bedacht zu nehmen ist, eine zur

---

[61] Randnote: »Fleiß oder Unfleiß der Schulkinder.«

[62] Randnote: »Einrichtung des halbjährigen Berichts von dem Pfarrer, und dessen Eingabe vom Archidiaconus.«

[63] Randnote: »Wie die Schulcommission ihren halbjährigen Bericht zu erstatten habe.«

[64] Randnote: »Erinnerung an die Archidiaconen, Pfarrer, Schulmeister, und Befehl wegen Druck und Austheilung der Verordnung und der Tabellen zum Einschreiben.«

Continuation nöthige Zahl sämtlicher besagter Formular-Tabellen in Vorrath gedruckt, und zur gehei-men Kanzley abgeliefert, daneben noch ein Vorrath der Tabellen sowohl als auch der Verordnungen bey der Buchdruckerey in Vorrath gehalten werden sollen.

Das den Schulmeistern und Schulmeisterinnen zugestellte Exemplar der Verordnung soll immer bey der Schule verbleiben, und bey der monatlichen Schulvisitation dem Pfarrer vorgebracht werden; fehlte es daran, so hat der Pfarrer den Schulmeister oder die Schulmeisterinn anzuhalten, sich auf eigene Kosten ein Exemplar wieder anzuschaffen. Urkund Unseres gnädigsten Handzeichens und beygedruck-ten geheimen Kanzley-Insiegels. Bonn den 10ten März 1788.

Maximilian Franz,
Kuhrfürst
L. S.
A. F. Wenner.

1778 Okt 03 »Anzeige der öffentlichen Vorlesungen der Maxischen Akademie zu Bonn«[65]

Anzeige der öffentlichen Vorlesungen der Maxischen Akademie zu Bonn.

Der Aufschluß der klassischen und beyden philosophischen Schulen wird unter der gewöhnlichen Feyerlichkeit den 3ten November gehalten werden.

1. Der H[err] Präfekt, Vikar[ius][66] **Baumgarten**, giebt alle Sonntage nach Anleitung des katechetischen Werkes des D[ominus] Canisius[67] die ausführliche Glaubenslehre, den Philosophen Morgens von 8-9, der versammelten 3ten und 4ten Klaße Nachmittags von 1-2. - Den katechetischen Unterricht für die 1te und 2te Klaße giebt in den nämlichen Stunden H. Profeßor, Vikar. **Honnerbach.**

2. H. Prof[essor] Vikar. **Zeyen** hält alle Donnerstage, oder auf den in der Woche einfallenden Feyertag, für die Philosophen, und 3te und 4te Klaße Morgens von 8-9 moralische Vorlesungen und legt zum Grunde: Sittenlehre zum Gebrauche der adlichen Schulen[68].

3. H. Prof. **Klinkenberg** lehrt täglich in der 4ten Klaße die Rede- und Dichtkunst Morgens von 7-9, Nachmittags von 1-2. Er hält Mittwochs und Samstags von 8-9 zwey Lesestunden mit Vorlesung der meisten beßten lateinischen und deutschen Schriftsteller, und giebt zu Ende des Jahres nach Ignaz *Wurz*[69] »Die Anleitung zur geistlichen Beredsamkeit« [1770 ff].

4. H. Prof. **Hamm** giebt in der 3ten Klaße Anleitungen zu allen Gattungen des lateinischen Styls und Vorübungen zur Rede- und Dichtkunst, Morgens von 8-9, Nachmitt. von 2-3.

5. H. Prof. **Velten** giebt in der 1ten Klaße von 2-3 die deutsche Sprachkunst nach *Godscheds*[70] Kern der deutschen Sprache. In der 2ten von 7-8 eine Anleitung zum Uebersetzen, zum Brief- und Erzählungstyl. In der 3ten von 1-2 alle Gattungen in Prosa und gebundener Rede.

6. H. Prof. Vikar. **Hauser** liest Montags, Mittwochs und Samstags in der 1ten Klasse Morg. von 8-9, In der 2ten Nachm. von 1-2, In der 3ten Morg. von 7-8, In der 4ten Nachm. von 2-3 die Geschichte und Weltbeschreibung. Die Lehrbücher sind: »Kurze Anleitung in die allgemeine Geschichte alter und neuer Zeiten«[71] - und »Kurze Erläuterung einer in Kupfer gestochenen Vorstellung des Erdbodens«[72].

7. R[everendus] P[ater] Romualdus **Jochmaring,** Min. Conv.[73], giebt Dienstags und Freytags die Rechenkunst, Algeber und Elementar-Geometrie nach H. W. *Clemms*[74] Lehrbuche für alle 4ten Klassen in den nämlichen Stunden, wie der Professor der Geschichte; er lehrt zugleich die Naturgeschichte, und giebt Anleitung zur Naturkunde.

8. H. Prof. Vikar. **Hauser** ertheilt im Griechischen Unterricht für die 4te Klaße Montags, Mittwochs und Samstags Abends von 6-7, und giebt auf Verlangen eine besondere Stunde für jene, so die Sprache ex professo lernen wollen.

9. H. Prof Vikar. **Zeyen** lehrt die französische Sprache nach Hilmar *Cueras*[75] für die 3te Klaße täglich von 4-5, Für die 4te Dienstags und Freytags von 6-7.

10. H. Prof. **Hamm** und H. **Werner** sind der Vorbereitungsschule vorgesetzt, jener für die lateinische und deutsche Sprache, und dieser zu den übrigen Theilen der klassischen Lehre.

11. H. Prof. **Velten** lehret ihnen die Schönschreibekunst, und bedienet sich des für die erzstiftischen Schulen gestochenen Musters. Er unterhält die nöthige Uebung mit der 1ten und 2ten Klaße.

---

[65] Fundstelle: ULB Bonn; urn:nbn:de:hbz:5:1-75816. Nummerierung und Hervorhebung vom Bearbeiter.

[66] Ein Vikar ist ein Hilfsgeistlicher, heute etwa ein Kaplan.

[67] Petrus Canisius SJ (1521-1597) Kirchenlehrer und Verfasser der „Summa doctrinae christianae" (1555).

[68] Nicht identifizierbar.

[69] d.i. Ignaz Wurz (1731-1784).

[70] d.i. Johann Christoph Gottsched (1700-1766), sein Werk vielleicht „Grundlegung der deutschen Sprachkunst"1748.

[71] Teil 3: „Geschichte der Römer bis auf Karln, den Großen", Koblenz (Huber) 1775.

[72] „... zum Gebrauch der Real-Schule in Berlin", 5. Auflage Berlin 1766.

[73] d.i. „ordo fratrum minorum conventualium" oder Minoriten.

[74] Heinrich Wilhelm Clemm (1725-1775): Mathematisches Lehrbuch, Wien 1786.

[75] Hilmar Curas: Erleichterte Französische Grammatik, neue Auflage, Berlin (Nicolai) 1778.

12. Die gewöhnlichen Wiederholungsstunden sind, unter unmittelbaren Anleitung der H. H. Professoren Morg. von 10-11 für die deutsche Sprache, Nachmitt. von 4-6 für die lateinische Sprache und nöthige Wiederholung der übrigen Theile. H. Hirschmann ist als Präceptor für die 4te Klaße angesetzt, H. Werner für die 3te, H. Fey für die 2te, H. Vikar. Hohenschurz für die 1te, H. Schmitz für Infima.

Philosophische Vorlesungen

13. R. P. Marcellin **Hoetmar**, Min. Conv., lehrt die Experimentalphysik für die 2te philosophische Klaße Morg. von 7-8 und Nachmitt. von 1-2, Für die 1te Morg. von 8-9, Nachmitt. von 2-3. Er bedient sich übrigens des Max *Mangold*[76].

14. R. P. Elias **van der Schüren** M[in.] C[onv.] lehrt über Max *Mangold* die Logik und Metaphysik und im jetzigen halben Jahre über *Heineccius*[77] und *Martini* die Moral- und das Naturrecht, für die 1te philosophische Klaße Morg. von 7-8, Nachmitt. von 1-2, Für die 2te Morg. von 8-9, Nachmitt. von 2-3.

15. H. Prof. Lieutenant **Sandfort** lehrt die reine Mathematik, nach H. Wilh. *Clemm* der ersten Klaße Morg. von 11-12; der 2ten Nachmitt. von 4-5. Er macht praktische Versuche, und giebt besonders für die 2te Klaße im letzten halben Jahr von der angewandten Mathematik die Markscheidekunst[78].

Theologisch-juristisch- und medizinalische Vorlesungen

16. R. P. Const[antin] **Obenberger** Min. Conv. giebt täglich die Dogmatik über *Fuhrs*[79] Handbuch Morg. von 9-10.

17. R. P. Sigism[und] **Sinnigen** Min. Conv. liest die Moral über *Besombes*[80], Nachmittags von 3-4. Er wird dabey das Exercitium Casuum Morgens von 10-11 geben, und bedient sich hierzu des P. R. *Saßerath*[81].

18. R. P. Philipp **Hedderich** M. Conv. giebt täglich nach seinem eigenen Handbuche[82] das geistliche Recht Nachmittags von 2-3.

19. Herr Prof. Hub. **Brewer** liest täglich über des [Justus] Henning *Boehmer* »Introductio in jus Digestor[um]« [1746]. Die Pandekten von 8-9.

20. Herr Prof. Asseßor Godfr[ied] **Moll** wird in den Wintermonaten das peinliche Recht nach des Sam. *Boehmers*[83] Anleitung Morgens von 11-12, im Sommer aber das Lehnrecht über des Georg Ludwig *Boehmers*[84] Handbuch ebenfalls von 11-12 vorlesen.

21. Herr Prof. **Dünwald** erklärt die Institutionen nach des *Heineccius* »Elementa Juris Civil[is]«[85] von Halbjahr zu Halbjahr täglich von 9-10.

22. Herr Prof. Hub[ert] **Brewer** wird ein besonderes Collegium de jurisdictione, judiciis & stylo Curiarum quoad Archi-Episcopatum & Electoratum Coloniensem nach einem von ihm besonders hierüber abgefaßten Conspect Dienstags und Samstags von 4-5 geben.

---

[76] d.i. Maximus Mangold SJ (1722-1797): Philosophia recentior..., München/Ingolstadt (Craetz) 1764.

[77] d.i. Johann Gottlieb Heinecke (1681-1741), Ludwig Günther Martini (1647-1719) oder eher: Karl Anton von Martini (1726-1800).

[78] d.i. das bergmännische Vermessungswesen über und unter Tage.

[79] Nicht identifizierbar.

[80] Jacques Besombes: Moralis christiana e scriptura sacra ..., Band 1, Augsburg (Wolff) 1775.

[81] Reiner Sasserath OFM: Cursus theologiae moralis, Band 4, Augsburg (Rieger) 1771.

[82] Philipp Hedderich: Elementa juris canonici, 2 Bände, Bonn (Abshoven) 1781 ff.

[83] Johann Samuel Friedrich von Boehmer: Meditationes in Constitutionem criminalem Carolinam ..., Halle (Gebauer) 1770.

[84] Georg Ludwig Boehmer: Principia Iuris feudalis ..., Göttingen (Vandenhoeck) 1775.

[85] deutsche Ausgabe z.B. Frankfurt/O. (Kleyb) 1761.

23. H. Prof. Scheffen **Müller** wird ein Collegium practicum elaboratorium, vorzüglich nach *Cla-proths*[86] System, Montags, Mittwochs und Freytags Nachmitt. von 4-5 geben.

24. H. Prof. Hofrath **Kauhlen** hält Montags, Dienstags und Freytags nach *Platners*[87] Handbuch von 3-4 medizinische Vorlesungen.

Die öffentlichen Kollegien werden alle gratis gegeben, und den 13ten November eröffnet. - Jeder vorbemeldeter Professoren giebt besondere Repetitorien.

Im Reiten, Fechten, Tanzen und fremden Sprachen wird von denen für die kurfürstl. Edelknaben besoldeten Meistern gegen sehr mäßige Preise Unterricht gegeben.

Wegen Wahl und Preise guter Quartiere können Auswärtige beym H. Präfekte sich melden. In hiesigem Seminario wird per Jahr für Kost und Quartier - ohne Wein - 116 Rthlr. Spec.[88] von Halbjahr zu Halbjahr voraus bezahlt.

Bonn, den 3. Oktober 1778
Von akademischen Raths wegen
R. J. Esser Sekretar.

---

[86] Justus Claproth: Kurze Vorstellung des Civil-Prozesse ..., Frankfurt/Leipzig (Göbhard) 1768; andere Titel sind später erschienen.

[87] Johann Zacharias Platner: Gründliche Einleitung in die Chirurgie ..., Leipzig (Fritsch) 1770 und öfter.

[88] = Reichstaler species, das ist die Münze Reichstaler, im Gegensatz zur Rechnungseinheit „Reichstaler".

1783 Dez 19 Max Friedrich: Reform des Schulwesens[89]

Von Gottes Gnaden Wir Maximilian Friderich, Erzbischof zu Köln, des heil[igen] römischen Reichs durch Italien Erzkanzler und Kurfürst, gebohrner Legat des heiligen apostolischen Stuhls zu Rom, Bischof zu Münster, in Westphalen und zu Engern Herzog, Burggraf zum Stromberg, Graf zu Königsegg-Rottenfels, Herr zu Odenkirchen, Borkelohe, Werth, Aulendorf und Stauffen etc. etc.

Demnach wir mißfälligst vernommen, daß das Schulwesen in Unsern Kurlanden überhaupt nicht gänzlich in solcher Verfassung, worinn es das Wohl der Kirche, und des States erfodert, seye; die Landschulen sogar, ohnerachtet so vieler derentwegen geschehener Veranstaltungen in eine, den guten Sitten und der Bürgereinigkeit nachtheilige Unordnung gerathen. So haben wir Unserm, in Unserer Residenzstadt Bonn mildest angeordneten Akademierathe[90] nicht nur das Aufkommen Unserer Maxischen Akademie, sondern auch das sämmtliche Schulwesen in Unsern Landen des Endes gnädigst anvertrauet, damit derselbe dabei die gegenwärtigen Unordnungen sowohl bäßtmöglichst hebe, als auch fürs künftige eine bäßere Schulverfassung einführen und handhaben solle: Wir wollen sohin und ordnen andurch gnädigst:

1tens Daß alle und jede Lehrer, Sprach-, Rechnen-, Schreibmeister: oder die auf sonstige Art in Wissenschaften freyen Künsten etc. Unterweisung geben wollen, bei Unserm Akademierath sich einstellen, von demselben genau examinirt, und eher an keinem Orte Unserer Kurlanden zu einiger Unterweisung zugelassen, oder dabei geduldet werden sollen, bis sie einen, über ihre befundene Fähigkeit von oberwehntem Unserm Akademierath unter desselben beigedrucktem Siegel, und des Sekretarii Unterschrift ausgefertigten, Approbationsschein und Erlaubnißurkunde erhalten haben.

2tens Damit aber in Betreff derjenigen, so bis anher das Recht einen Lehrer anzusetzen: ausgeübt haben, keine der Unterweisung nachtheiligen Unruhen entstehen; so wollen Wir, daß fürohin durch dergleichen Patronen niemanden ein Lehr- oder Unterweisungsamt aufgetragen werden solle, der nicht vorhin von Unserm Akademierath zu dergleichen Lehr- oder Unterweisungsamt tüchtig gefunden, und darüber einen ordentlichen Approbationsschein aufweisen könne.

3tens Wenn auch jemanden auf diese Art von dergleichen Patronen ein Lehramt conferirt worden; so wollen Wir, daß jedannoch, damit Unser Akademierath, um in jedem Fall die nötigen Maaßregeln nehmen zu können, wisse, mit welchen Subjekten die Lehrstühl in Unseren Landen besetzt sind, auch dieser neu bestimmte Lehrer nicht ehender durch des Orts Obrigkeit zum wirklichen Unterricht zugelassen werden solle, bevor derselbe mit einer, ordentlich von Unserm Akademierathe zu ertheilenden Bestättigungsurkunde, die jedesmal zu dem Gericht- und resp. Städtischen Protokoll solle gebracht werden, vorzeigen könne.

4tens Weil man über das Recht des Schulhaltens, fort über das Recht die Lehrer anzusetzen, oder sonst dem Unterricht der Jugend höchst schädlich- und langwierige Prozessen zuweilen befahren dörfte; so wollen Wir gnädigst, daß künftighin alle und jede dergleichen über das Schulwesen entstehenden Uneinigkeiten durch Unsern Akademierath summarisch abgethan werden, und inzwischen von demselben dem Unterricht der Jugend vor allem Vorsehung geschehen solle Wie nicht weniger

5tens Damit die Kandidaten bei Unserer Maxischen Akademie, falls dieselbe in personalibus & Fiscalibus minoribus von jemand gerichtlich belangt werden sollten, nicht durch vielfältige Gerichtsläufte bei ihrem Studiren gestöret werden; jedannoch Unsere Unterthanen wissen, wo sie wider dieselben klagen könne; so wollen Wir, daß diese Kandidaten und Schüler, auch die Lehrer selbst; bei ebenbesagtem Unsern kurfürstl. Akademierath belangt, und von diesem die sachen summarisch beigelegt, oder allenfalls sonst bäßtmöglich abgethan werden sollen, wobei es jedoch dem, beschwert zu seyn vermeynenden Theil für alle obigen Fälle ohnbenommen bleibt, seine interpolirte Appellazion bei Unserm kurfürstl. Hofrath gehörend ein- und auszuführen. Und da wir

6tens Bei Errichtung Unseres hiesigen Akademieraths diesem für Unser Herzogthum Westphalen: wegen dessen Entlegenheit: eine Schulkommißion mildest beigeordnet: So gestatten wir selbiger ebene in gleichvorgemeltem §pho- 4to & 5to hiesiger Akademie bei denen darinn angemerkten Fällen gnädigst zugestandene Gerichtbarkeit, dergestalt jedoch, daß es dem, von erwehnter Schulkommißion

---

[89] Fundstelle: ULB Bonn; urn:nbn:de:hbz:5:1-75842.
[90] 1777 gegründet, Präsident war zunächst Carl Leopold Baron von Belderbusch, später Franz Wilhelm von Spiegel. Siehe oben Seite 11.

durch deren Anspruch beschwert zu seyn vermeynenden Theil frey stehen solle, gerade an Unsern kurfürstl. Hofrath durch den Appellazionsweg sich hinzuverwenden; wiederholen anbei noch mildest, Daß
bei sämmtlichen obigen Instanzen, so viel möglich, kurz und summarisch in Sachen verfahren werden
solle. Wie befehlen endlich

7tens Unseren Landdroste und Räthen in Westphalen, Stadthaltern in Vest Recklinghausen,
Amtleuten, Drösten, Unterherren, auch Vögt, Schultheißen, und übrigen Beamten, weniger nicht Bür-
germeister und Rath in denen Städten und Freyheiten, fort Scheffen und Vorstehern aufm platten Lande,
dies- und jenseits Rheins, hiemit gnädigst, auf jedesmaliges Anfodern des Akademieraths und derselbigen
für Unser Herzogthum Westphalen mildest beigeordneter Schulkommißion, sowohl über die anverlang-
ten Gegenstände an ein- und andere zu berichten, als auch in Ausführung der von ihnen in besonderen
Vorfällen, fort überhaupt geachten Anordnungen in allen und jeden Fällen die Hand zu biethen.

Damit sich nun niemand mit der Unwissenheit entschuldigen könne; So solle gegenwärtige unsere Verordnung auf denen Kanzeln, auch sonst gewöhnlicher Orten und massen publicirt, und resp. af-
figirt werden.

Urkunde Unserer eigenen Handunterschrifte und beigedrucktes Unsern Hofkanzlei-Insiegels.
Gegeben in Unserer Residenzstadt Bonn den 19ten Christmondes 1783.
Maximilian Friderich, Kurfürst.
V[idi]t F. J. Häes
L[ocus] S[igilli]
K[lemens] A[ugust] Guisez[91].
[Hofrat]

---

[91] Johann Franz Joseph Guisez, Hofsecretarius, herzoglich Arenbergischer Hofrat in Recklinghausen, später Polizeirat in Köln
(† 1829 in Köln), ab 1774 Schwiegervater des Johann Peter Eichhoff.

1786 Nov 04 Vorlesungsverzeichnis der Universität Bonn[92]

Vorlesungen auf der Kurfürstl[ich] Köln[ischen] Universität zu Bonn, vom 4. Nov. 1786 bis zum 24. Sept. 1787

Theologie. Hr. D. **Spitz** lehrt Kirchengeschichte nach Berti Morg. u. 7 Uhr. - Hr. D. **Hoitmar** die Dogmatik nach *Gazzaniga* u. *Bertieri* um 9 U. bis Ostern. - Dr. D. **Becker** Dogmatik mit Polemik verbunden um 4 U. - Hr. D. **Thaddäus** v[om] h[eiligen] Adam philolog. exeget. Vorles. Über das alte u. neue Test. u. die Hebr. Sprache um 11 U. Nachmittags erklärt er zu einer beliebigen St. wechselweise ein poetisches Buch des alt. Testam. und die Hebräischen Alterthümer. - Hr. D. **Schallmeyer** die Moral nach *Luby* um 8 U. die Patrologie nach Ostern. - Hr. D. **Scheben** die Pastoraltheologie n. *Giftschütz*[93] um 3 U. - Hr. D. und Rector **Oberthür** Anleit. zur Katechetik u. Pädagogik nach *Giftschütz* um 11 U. 2 Tage in der Woche.

Jurisprudenz. Hr. D. **Breuer** das Naturrecht n. *Martini* u. die Geschichte des bürgerl. Rechts um 11 U. nach Ostern die Institutionen n. *Heineccius*[94] u. *Höpfner* um 11 U. Auf Verlangen d. deutsche Recht nach *Selchow* um 4 U. - Hr. Hofrat D. **Daniels**[95] die Pandekten nach *Böhmer* im Winter um 8 U. im Sommer um 7 U. Anleit. zur gerichtl. Praxis vor Ostern, nach Ostern das Privatfürstenrecht n. *Selchow* um 2 U. 3 Tage. - Hr. D. **Moll** das Criminalrecht n. *Böhmer*, im Sommer das Lehnrecht d. Deutsch. Reichs u. der Kölnischen Lande u. 11 U. Auf Verlangen giebt er Privatvorlesungen. - Hr. D. Canon. **Lomberg** d. Deutsche Staatsrecht n. seinem eigenen Lehrbuch im Wint. u. 9 U., im Sommer u. 8 U. Nach Ostern auf Verlangen d. besondere Staaatsrecht d. Köln. Land. 3 Tage. - Hr. geistl. Rath D. **Hedderich** d. canonische Recht n. seinem Handbuch um 10 U. - Hr. D. **Cramer** Deutsche Reichsgesch. im Wint. u. 7 U. im Sommer u. 9 U. Im Sommer Diplomatik n. *Gruber* u. 5 U. 3 Tage.

Medicin. Hr. Hofrat D. **Kauhlen** d. Pathologie u. 10 U. täglich. - Hr. Geheimrat D. **von Gynetti**[96] d. Physiologie u. 11 U. im Wint. die Semeiotik, im Somm. d. Botanik u. 4 U. 2 Tage. - Hr. D. **Rougemont**[97] im Wint. Anatomie u. chirurg. Operat. u. 3 U. tägl. im Sommer Chirurgie 2 T. Entbindungskunst 2 T. - Hr. D. **v. Ney** im Anfang d. Fasten Entbindungskunst n. *Steiderle* u. 9 U. täglich.

Philosophie. Hr. D. **van der Schüren** Logik und Metaphysik n. *Röser* im Wint. u. 8 U., im Somm. u. 7 U. Nachm. u. 2 U. ferner praktische Philosophie n. *Feder* im Wint. u. 9 U., im S. u. 8 U. - Hr. D. **Jochmaring** Physik n. *Bruchshausen* im Wint. u. 8 U. höhere Mathematik u. 2 U. Elementarmathematik im W. u. 9 U., im Somm. u. 8 U. - Hr. Leutn. **Sandfort** angewandte Mathematik im W. u. 10 U. Im Somm. lehrt er Gegenden aufnehmen. - Hr. D. **Abel** im Wint. Psychologie, im Somm. Tugendlehre u. 10 U. Vorm. u. 3 U. Nachm.

Auf dem hiesigen Gymnasium lehrt Hr. M. **Zeyen** Redekunst n. *Quintilian*, Hr. M. **Jäger** Aesthetik, u. erklärt Lat. u. Deutsche Dichter, Hr. M. **Hauser** Geschichte, Erdbeschreib., Hr. M. **Honnerbach** Briefschreiben n. *Cicero, Plinius* u. *Gellert*, ferner deutsche u. lat. Prosodie u. d. Versbau, Hr. M. **Schmitz** Deutsche u. Lat. Sprache n. *Phaedrus, Curtius* u. *Gellert*, Hr. M. **Feusser** Griechisch, Erdbeschreib. Gesch. u. Rechenkunst.

Auch wird Unterricht ertheilt in d. Religion, in d. Französ. u. Engl. Sprache, im Schönschreiben, Fechten, Tanzen, Reiten, u. Zeichnen. - Die Kurfürstl. Hofbibliothek ist täglich mehrere Stunden offen. - Wegen Kost und Logis kann man bey dem Universitäts-Syndikus, Hrn. Hofkammerrath Esser, Nachricht haben.

---

[92] Fundstelle: Bönnisches Intelligenzblatt vom 28.11.1786; Hervorhebungen vom Bearbeiter.

[93] Verfasser des „Leitfaden für die in den k. k. Erblanden vorgeschriebenen deutschen Vorlesungen über die Pastoraltheologie" (1782).

[94] Heineccius/Höpfner galt als rückständig und unpräzise (Teschner 1967, 29).

[95] Heinrich Gottfried Wilhelm Daniels, (* 25. Dezember 1754 in Köln; † 28. März 1827 ebenda) war ein deutscher Jurist, Hochschullehrer, Richter und Autor; 1783 Professor an der Bonner Akademie, 1794 Richter am Obertribunal des Departements, 1805 Generalprokurator am Kassationshof in Paris, 1819 erster Präsident des Rheinischen Appellationsgerichtshofs in Köln. Er übersetzte 1805 den Code Napoleon.

[96] Peter Wilhelm Josef von Ginetti (1735-1804), Mediziner, Leibarzt des Kurfürsten; Sohn italienischer Einwanderer („de Ginette"), siehe (Ennen 1989, 250) oder (Schaefer 2011).

[97] Joseph Claudius Rougemont (1756-1818), 1787 Mitbegründer der „Lese", 1795-1797 Professor in Bonn, ab 1798 Arzt in Köln, siehe (Flörken, Joseph Claude Rougemont. Schriften, Reden, Dokumente 1786-1798 2020).

1786 Nov 21 Die ersten Dissertationen in Bonn[98]

Annalen.

Bonn. Fortsetzung der im vorigen Blatt abgebrochenen Artikels. Folgende Dissertationen sind bey der Einweihungsfeyer der hiesigen Universität öffentlich vertheidigt worden: den 21. Morgens:

Sendungsgeschichte des Propheten Jona kritisch untersucht, und von Widersprüchen gerettet, von D. Thaddäus vom heil[igen] Adam etc., vertheid[igt] von Uldalricus **Odenkirchen**, Bonn, bei J. F. Abshoven 40 Seiten in 4.-

Ueber die Rechte der Austrägal-Instanz, wenn ein Fürst mit seinem Domkapitel belangt wird, von H. G. W. Daniels etc., verth. von Fhr. **von Burscheid zu Burgbroel**, 64 S. in 4. -

Nachmittags:

De Respirat[ione] et Usu pulmon[is], Praeside F. W. Kauhlen, def[endit] auctor F. G. **Wegeler**[89], 18 pag[inae in] 4.-

Versuch über die anziehenden Kräfte der Körper, verth. von J. A. **Kracht**, 18 S. in 4.-

Mittwochs den 22. Morgens waren die ersten Promotionen, unter der Curatel Sr. Excellenz, des Reichsfreyherrn Franz Wilhelm von Spiegel zu Diesenberg, Kurfürstl. Köln. Hofkammerpräsidenten etc. und dem Rectorat des Herrn Theol. Doctor Oberthür. Herr geistl. Rath und Doctor Hedderich nämlich ernannte die Herrn: Pet. Jos. **Robson**[100] aus Bonn, und Jos. Bapt. **Schötter** aus Bodendorf, beyde Licentiate und legale Advocaten, in beyder Rechte Doctoren, ferner die Herren Quirin **Mertens** aus Ariendorf, und Pet. Jos. **Kley** aus Brühl zu beyder Rechte Licentiaten, wobey der Hr. Promotor und die Hrn. Graduirten jeder eine besondere Rechtslehre erläuterten.

Von Programmen sind bisher erschienen:

Godefridi **Moll** V. I. D. *prolusio academica de usu et abusu Iuris Civilis Germaniae commun. et statutarii, in specie Electoratus Coloniensis etc.,* 64 pagg. 4.-

Franz Wilhelm **Kauhlen** d. A. D. etc. *Von den Hindernissen, die der Vervollkommnung der Arzneykunde im Wege stehen,* 1 Bog. in 4.-[101]

Im Decemb. wird Hr. C. A. **de la Roque** aus Köln vertheidigen: *Diss. Iuris publici de illimitato iure de non appellando Archiprincipum S. R. I. Electorum in genere et Serenissimi Colonensis in specie,* auct. Ios. Vital. Lomberg, V. I. D. etc., 68 S. in 4 nebst 30 Seiten Beylagen. Gedruckt in Köln bey J. G. Langen, wobey sie auch für 40 St[ü]b[e]r zu haben ist.

---

[98] Fundstelle: Bönnisches Intelligenzblatt vom 28.11.1786. Hervorhebung vom Bearbeiter.

[99] Franz Gerhard Wegeler (* 2. August 1765 in Bonn † 7. Mai 1848 in Koblenz) war ein deutscher Mediziner und Jugendfreund Ludwig van Beethoven, siehe (Prössler 2008) und (Flörken, Franz Gerhard Wegeler. Ein Freund Beethovens. Reden und Schriften 1786-1845 2019)

[100] P.J. Robson, Mitglied der patriotischen Gesellschaft, 1797 Präsident des Obertribunals.

[101] Druck in (Universität kein Datum, 130 ff).

1786 Nov 22 Promotionen des Robson und des Schötter[102]

Anno MDCCLXXXVI die XXII. Novembris hora decima matutina
sub auspiciis dei ter optimi maximi
et auctoritate
eminentissimi ac serenissimi principis ac domini
D[omini] Maximiliani Francisci,
Dei gratia archiepiscopi Coloniensis [etc.]
ac
curis
illustrissimi ac excellentissimi domini
D. Francisci Wilhelmi
S[acri] R[omani] I[mperii] L[ibero] B[aroni] Spiegel de Diesenberg,
ecclesiarum cathedralium Hildesiensis [etc]
ex authentico decreto academico
reverendus ac clarissimus
Philippus Hedderich,
Ss. theologiae et utriusque juris doctor, eminentissimi ac serenissimi archiepiscopi principis
electoris Coloniensis consiliarius eccl. actual., Ss. canonum in universitate Bonnensi professor publ. et
ord. librorum censor, ac prothonotarius apostolicus,
praenobiles viros, ac dominos
D. Petrum Josephum **Robson**, Bonnensem, j[uris] u[triusque] l[icentiatum] & advocatum
legalem,
D. Joannem Baptistam **Schötter**, ex Bodendorf, j. u. l. & advocatum legalem,
festivis universitatis electoralis Bonnensis inter musarum ac patriae applausus celebris inau-
gurationis solenniis, doctoratus in utroque jure honoribus condecorabit
atque
praenobiles viros, ac dominos
D. Quirinum **Mertens**, ex Ariendorf, & D. Petrum Josephum **Kley**, ex Bruel
utriusque juris licentiatos renuntiabit
in aula academica majori.
Maecenates, patroni, fautores
adeste, favete.

[…]
Typis Joan. Frid. Abshoven, universitatis typographi.

---

[102] Fundstelle: ULB Bonn; urn:nbn:de:hbz:5:1-75784. ein weiterer Druck in (Universität kein Datum, 128).

1789 Aug 10 Max Franz isoliert Uni Köln[103]

Seine kurfürstliche Durchl[aucht] zu Köln, Maximilian Franz, Erzherzog zu Oestreich, Unser gnädigster Herr etc. haben, wegen der Halsstärrigkeit, und wegen des unanständigen gegen Höchstdieselbe bezeigten Betragens der stadtkölnischen Universität, sich bewogen gefunden, denjenigen, welche nach Beendigung des laufenden Schul-Kurses, a prima Novembris [=01.11.1789] anzufangen, auf besagter stadtkölnischen Universität der Theologie, Jurisprudenz, und Medizin sich widmen, und denen desfalsigen öffentlichen, oder Privatvorlesungen beiwohnen werden, den Zutritt zu allen öffentlichen geistlichen und weltlichen Ämtern in den kurkölnischen Landen zu versagen, und haben diese Entschliessung nicht nur Höchstihro Vikariat, Hofrath- und Medizinal-Kollegio zur schuldigen Nachachtung mitgetheilt, sondern auch dieselbe durch öffentliche Zeitungen, zu jedermanns Wissenschaft, hiermit bekannt machen lassen.

Signatum Bonn den 10ten August 1789.
Aus besonderm Seiner kurfürstl[ichen] Durchl[aucht] gnädigsten Befehl.
L[ocus] S[igilli]
V[idi]t J. C. Pfingsten[104]
J. F. J. Guisez.

---

[103] Intelligenzblatt # 33 vom 13.08.1789, Seite 1.
[104] J. K. Pfingsten, Hofkanzlerdirekor.

1801 F. A. Klebe: »Reise auf dem Rhein, durch die teutschen Rheinländer«[105]

Bonn, das jetzt wieder der Sitz einer Centralschule ist, hatte vor dem Kriege eine Universität, die von dem verstorbenen Kurfürsten gestiftet wurde. Sie war die Rivalin der Cöllnischen, und gab gute Hoffnungen von sich. Wirklich würde das neue Licht, daß hier aufgieng, weit umher das dunkle Land erhellet haben, als es der Kriegs wieder auslöschte. Der Kurfürst selbst hob sie kurz vor der Ankunft der Franzosen im Aug[ust] 1794 wieder auf. Das ganze Personale wurde verabschiedet, und die Professoren mit einem vierteljährigen Gehalte entlassen. Das von verschiedenen Häusern zur Bestreitung der Universitätskosten fundirte Geld wurde zum Kriegsbeitrag genommen, so wie das, was die verschiedenen Stifter und Clöster dazu hergeben mußten.

Die jetzige Centralschule zu Bonn erhielt ihre Existenz durch den Beschluß des Regierungs-Commissairs vom 11. Brum[aire des] 7. J[ahres][106]. Aber ihre Organisation ist so unvollkommen geblieben, daß außer den Professoren, welche an derselben ernannt sind, es fast niemand in und um Bonn herum weiß, daß hier eine Universität ist. Es wurden damals 5 Professoren ernannt, der B[ürger Udalricus] **Odenkirchen**, als Lehrer der alten < 309> Sprachen, B. **Tribolet**, als Lehrer der franz[ösischen] Sprachen, B. **Wurzer**, als Professor der Physik, Chemie, Naturgeschichte und Botanik, der als ein geschickter Chemiker bekannt ist, B. **Christ**, als Professor der Mathematik, B. **Rougemont**, als Professor der Entbindungskunst und Anatomie, und als Prosektor[107] der B. **Tils**. - Aber alle diese Gelehrten haben weder richtig ausgezahlte Besoldungen noch Schüler, und erwarten bessere Zeiten. Es sind dringende Vorstellungen bei der Regierung gemacht worden, um diese neue Stiftung nicht wieder ganz eingehen zu lassen, und würklich würden auch mancherlei Umstände ihr Emporkommen begünstigen. Die Centralschule ist im Besitz einer Bibliothek, eines botanischen Gartens und eines eingerichteten Anatomiegebäudes, die noch sämmtlich Stiftungen Maximilians sind. - Wie schon oben erwähnt wurde, ist jetzt eine Hebammenschule hier etabliert, in welcher der Prof. **Wegeler** Unterricht in der Entbindungskunst ertheilt. Dieser war schon Professor bei der vormaligen Universität hieselbst, und hat jetzt Rougemonts Stelle erhalten, welcher als Arzt zu Cölln wohnt.

---

[105] Fundstelle: Bayerische Staatsbibliothek, Signatur It.sing. 500 t-2; (Klebe 1801, 308 f)
[106] = 07.11.1798.
[107] = Sezierer.

Literaturverzeichnis

Anschel, Salomon. *Anfangsgründe der Naturwissenschaft, Theil 1*. Mainz: Pfeiffer, 1801.

Braubach, Max. *Die erste Bonn Hochschule*. Bonn, 1966.

Ennen, Edith. „Die kurkölnische Haupt- und Residenzstadt in einem Jahrhundert der friedlichen und glanzvollen Entwicklung." In *Bonn als kurkölnische Haupt- und Residenzstadt 1597-1794*, Herausgeber: Dietrich Höroldt, 205 ff. Bonn: Dümmler, 1989.

Flörken, Norbert, Hrsg. *Die französischen Jahre in Bonn 1794-1814. Ein Lesebuch, 2. Auflage*. Bonn: Kid Verlag, 2017.

Flörken, Norbert, Hrsg. *Eulogius Schneider. Predigten, Schriften, Dokumente. 1783-1794*. Bonn: BonnBuchVerlag, 2020.

Flörken, Norbert, Hrsg. *Ferdinand Wurzer. Bonner Chemie-Pionier. Schriften 1788-1844*. Bonn: BonnBuchVerlag, 2020.

Flörken, Norbert, Hrsg. *Franz Gerhard Wegeler. Ein Freund Beethovens. Reden und Schriften 1786-1845*. Bonn: BonnBuchVerlag, 2019.

Flörken, Norbert, Hrsg. *Joseph Claude Rougemont. Schriften, Reden, Dokumente 1786-1798*. Bonn: BonnBuchVerlag, 2020.

Fremery-Dohna/Schoene, Hrsg. *Jüdisches Geistesleben in Bonn 1786-1945. Eine Biobibliogrpahie*. Bonn, Röhrscheid, 1985.

Kauhlen, Franz Wilhelm. *Examen fontis mineralis soterii Roisdorffiensis. Diss. med.* Duisburg: Benthon, 1774.

Klebe, Friedrich Albert. *Reise auf dem Rhein, durch die teutschen Rheinländer, und die französischen Departements des Donnersbergs, des Rheins und der Mosel und der Roer, Vom Julius bis Decembre 1800*. Frankfurt am Main: Eßlinger, 1801.

Kober, Adolf. „Jüdische Studenten und Doktoranden der Universität Duisburg im 18. Jhdt." *Monatsschrift für Geschichte und Wissenschaft des Judentums*, 1931: 118 ff.

Prössler, Berthold. *Franz Gerhard Wegeler. Ein rheinischer Arzt, Universitätsprofessor, Medizinalbeamter und Freund Beethovens*. Bonn: Beethovenhaus, 2008.

Rauhut-Brungs/Wasser/Hodde, Hrsg. *Stadtrundgang durch Bonns jüdische Geschichte*. Egling: Kovlar, 2001.

Schaefer, Dieter. „Das Schulwesen in Bonn während der französischen Zeit 1794-1814." *Die Laterne. Bonner Familienkunde*, 2011: 6 ff.

Teschner, Ulrike. „Bartholomäus Fischenich. Ein rheinischer Philosoph und Jurist der Aufklärungszeit." *Bonner Geschichtsblätter*, 1967: 7ff.

Universität, Kurkölnische. „Akten der kurfürstlichen Universität Bonn." *https://nbn-resolving.org*. kein Datum. https://nbn-resolving.org/urn:nbn:de:hbz:5:1-70994 (Zugriff am 23. 04 2015).

Wolfshohl, Alexander. "*Lichtstrahlen der Aufklärung*". *Die Bonner Lese-Gesellschaft. Geistiger Nährboden für Beethoven und seine Zeitgenossen*. Bonn: Beethoven-Haus, 2018.

Index Personen[108]

---

[108] Ein ausführliches, kommentiertes Namensverzeichnis in (Braubach 1966, 330 ff).

Index Orte[109]

ohne Bonn

[109] Ein ausführliches Ortsverzeichnis in (Braubach 1966, 381 ff)

110